NO CAMINHO
DO REINO COM
PE. ZEZINHO, SCJ

NO CAMINHO DO REINO COM
Pe. Jezinho, scj

Dados Internacionais de Catalogação na Publicação (CIP)
Angélica Ilacqua CRB-8/7057

No caminho do Reino com Pe. Zezinho, scj / curadoria e seleção de textos: Ir. Verônica Firmino ; concepção do projeto: Ir. Eliane Deprá. – São Paulo : Paulinas, 2021.

432 p : il

ISBN 978-65-5808-085-5

1. Zezinho, Padre, 1941- Biografia 2. Evangelização 3. Vida cristã 4. Orações I. Firmino, Verônica II. Deprá, Eliane

21-2337   CDD 922

Índice para catálogo sistemático:
1. Zezinho, Padre, 1941– Biografia   922

Todas as obras musicais do Pe. Zezinho, scj, estão editadas na gravadora Paulinas-Comep

1ª edição – 2021

Concepção do projeto:	*Ir. Eliane Deprá, fsp*
Curadoria e seleção de textos:	*Ir. Verônica Firmino, fsp*
Revisão:	*Equipe Paulinas*
Gerente de produção:	*Felício Calegaro Neto*
Coordenação de arte:	*Juliene Barros*
Capa e projeto gráfico:	*Thiago Costa*
Fotos:	*Arquivo pessoal do Pe. Zezinho, scj, e Vatican Media*

Nenhuma parte desta obra poderá ser reproduzida ou transmitida por qualquer forma e/ou quaisquer meios (eletrônico ou mecânico, incluindo fotocópia e gravação) ou arquivada em qualquer sistema ou banco de dados sem permissão escrita da Editora. Direitos reservados.

Paulinas
Rua Dona Inácia Uchoa, 62
04110-020 – São Paulo – SP (Brasil)
Tel.: (11) 2125-3500
http://www.paulinas.com.br – editora@paulinas.com.br
Telemarketing e SAC: 0800-7010081
© Pia Sociedade Filhas de São Paulo – São Paulo, 2021

INTRODUÇÃO

A busca de um roteiro, de um mapa, com informações e orientações que nos levem a Jesus, é o desejo de muitos cristãos que querem o encontro pessoal com ele. Ao longo de 55 anos de Evangelização, Pe. Zezinho, scj, percorreu o próprio caminho como sacerdote dehoniano e deixou pistas inspiradas na leitura e na contemplação da Palavra de Deus, na oração, no estudo da Teologia, nos documentos da Igreja e na observação da realidade, procurando uma aplicação prática e catequética para a vida de todo cristão que quer seguir Jesus. Celebrando os 80 anos de vida deste sacerdote, compositor, cantor, escritor e, sobretudo, catequista, oferecemos a você este presente que está em suas mãos.

No caminho do Reino com Pe. Zezinho, scj, é um itinerário espiritual que o convidamos a fazer. Aqui você encontrará uma coletânea de pensamentos, canções, orações e reflexões, organizados por temas e divididos nos doze meses do ano, para ajudá-lo a aprofundar sua caminhada espiritual, com indicações de trajetos, paradas, estradas e atitudes.

Quem já percorreu algumas partes desse percurso lendo, ouvindo e refletindo com o Pe. Zezinho, scj, em suas apresentações, em seus shows ou em programas de rádio e televisão, é convidado a revisitar essa trajetória e a escrever ou reescrever o próprio itinerário, a partir da experiência realizada. Após ouvir uma canção, ler, refletir e rezar o texto indicado, você pode escrever sua oração, reflexão ou simplesmente os sentimentos que brotaram da sua experiência.

Pe. Zezinho, scj, nunca pretendeu ser um "guia espiritual" e muito menos desejou que as pessoas o seguissem. Como João Batista, ele sempre apontou para Jesus Cristo e buscou mostrar o caminho da "luz" e também da "cruz": "Não, não sou a luz, sou apenas uma seta"... Olhem para Jesus e aprendam dele a viver, a amar, a orar, a ajudar, a acolher, a curar, a ser solidário, a respeitar, a construir a paz, a questionar as injustiças e a anunciar o Reino de Deus. Mas por que não conhecer suas indicações de como melhor percorrer esse caminho?

É você mesmo quem vai traçar a própria rota e decidir de que forma quer segui-la: escolha um momento para ler, refletir, ouvir, meditar, contemplar e rezar. O caminho não está feito, mas se faz à medida que caminhamos, e cada pessoa tem seu jeito e seu ritmo. O "Caminho do Reino" não é feito apenas de poesias, milagres, alegrias e flores. "A estrada é longa, cheia de tropeços, toda sinuosa, plena de mistérios", desertos e provações. Quem se coloca nesse caminho, sabe que vai encontrar pedregulhos, chuva, frio, sol, calor, cansaço, desilusões, tristeza, desânimo, traição, negação, vontade de desistir. Com os discípulos de Jesus também foi assim... Mas a certeza de que o próprio Jesus caminha conosco nos enche de coragem e de fé. Com ele, encontramos nesse caminho amor, doação, perdão, esperança, luzes, curas, restaurações, libertação. Por esses e tantos motivos que este percurso não pode ser feito simplesmente ligando um "GPS" e dirigindo no automático; é preciso ir descobrindo, construindo e sentindo cada passo. Não caminhamos sozinhos, Jesus está conosco. Ele é o próprio caminho, a verdade e a vida, a luz que ilumina a todos, a nossa força e coragem para vencer os desafios e superar todos os obstáculos. Ele é o "novo" que caminha no meio do povo.

A riqueza de produção de conteúdos e a facilidade de transformar temas difíceis "em verso e em canção" possibilitaram a Pe. Zezinho, scj, compor canções que falam praticamente de todos os assuntos que interessam, envolvem nossa vida cristã. Temas sobre teologia, filosofia, sociologia, Bíblia, moral da Igreja, Documentos dos Papas permeiam suas canções de forma poética, melódica e catequética. Fala do nascer, do viver, do envelhecer, do adoecer, do morrer. Canta o amor, a dor, o perdão, a solidariedade, a festa. Canta para os casais, para a família, para os filhos, para os pais, para crianças, adolescentes, jovens e adultos... Canta pela preservação da ecologia, pela justiça, pela paz, contra a violência, o aborto e as injustiças sociais. Lembra os abandonados, os sem-teto, os que passam fome... Canta para os vocacionados, padres, religiosas(os)... sobre ser cristão e sobre a unidade da Igreja. Canta como quem tem esperança e acredita no Reino que vislumbrou.

Embarque nesta jornada pelo "Caminho do Reino com Pe. Zezinho, scj" e contemple as maravilhas que vêm de Deus, pois o seu Reino está perto... está dentro de nós. Que a sua luz e a sua força nos transformem e nos conduzam pelos caminhos que nos levam ao encontro de Jesus.

DEDICATÓRIA

Aos pais do Pe. Zezinho, scj, dona Valdevina e sr. Fernando de Oliveira, que o educaram na fé, e a toda a sua família, que o ajudou na construção da sua identidade cristã e de ser humano.

Aos padres dehonianos, que formaram o Pe. Zezinho, scj, e lhe deram condições de exercer seu ministério na Igreja e para a Igreja.

Às Irmãs Paulinas, que acreditaram no talento daquele "jovem pregador", padre catequista e cantor, e produziram e espalharam pelo Brasil e pelo mundo sua obra musical e literária, por meio de livros, LPs, CDs, fitas cassete, VHs, DVDs, revistas (*Família Cristã*) e, hoje, de forma digital, pela internet. Não esquecemos as diversas outras editoras que publicaram seus escritos, as centenas de rádios e "alto-falantes" de igrejas que executaram suas canções pelo Brasil afora, escolas e TVs que lhe ofereceram espaço para suas catequeses.

A todas as pessoas que, de alguma forma, foram tocadas pelas canções, escritos e catequeses do Pe. Zezinho, scj, ao longo de 55 anos da sua missão. A todas as famílias, comunidades, dioceses, paróquias, congregações religiosas, seminários, artistas e inúmeros grupos de jovens que se alimentaram de seus conteúdos...

A todos que acolheram suas apresentações musicais e pregações pelo Brasil e em outros países.

Aos irmãos e irmãs de outras confissões religiosas, que sempre tiveram apreço e respeito por seu ministério e o ajudaram a ser mais ecumênico...

Reverendo
PADRE JOSÉ FERNANDES DE OLIVEIRA

ao elevar ao Céu ações de graças pelos oitenta anos de vida que completa a 8 de junho de 2021, o **Papa Francisco** de bom grado se associa ao seu *Te Deum*, invocando a abundância das graças e consolações divinas para continuar a fazer do dom da vida um motivo constante para glorificar a Deus pela vivência e testemunho exemplar da sua condição sacerdotal. numa serena longevidade. E, congratulando-se no Senhor, o Santo Padre deseja ao Padre Zezinho que o Altíssimo faça frutificar em bem e alegrias tudo o que realizou com espírito cristão ao longo da sua existência, sobretudo com o seu apostolado através da música que serviu de instrumento para que incontáveis homens e mulheres se aproximassem da fé, ao conceder-lhe, extensiva de modo especial à Congregação dos Padres do Sagrado Coração de Jesus e a quantos lhe são queridos no Senhor e nesta data feliz compartilham da sua jubilosa ação de graças, a Bênção Apostólica, pedindo também que, por favor, não deixem de rezar por ele.

Vaticano, 22 de maio de 2021.

✠ Edgar Peña Parra
Substituto
da Secretaria de Estado de Sua Santidade

Papa Francisco e Padre Zezinho, scj

*Por causa de um certo Reino,
estradas eu caminhei
buscando, sem ter sossego,
o Reino que eu vislumbrei...*

JANEIRO

ORAÇÃO PELA FAMÍLIA

Pe. Zezinho, scj

Que nenhuma família
Comece em qualquer de repente
Que nenhuma família
Termine por falta de amor
Que o casal seja um para o outro
De corpo e de mente
E que nada no mundo
Separe um casal sonhador

Que nenhuma família
Se abrigue debaixo da ponte
Que ninguém interfira
No lar e na vida dos dois
Que ninguém os obrigue
A viver sem nenhum horizonte
Que eles vivam do ontem, no hoje
E em função de um depois

Que a família comece
E termine sabendo aonde vai
E que o homem carregue
Nos ombros a graça de um pai
Que a mulher seja um céu
De ternura aconchego e calor

E que os filhos conheçam
A força que brota do amor

Abençoa, Senhor, as famílias, amém
Abençoa, Senhor, a minha também

Que marido e mulher
Tenham força de amar sem medida
Que ninguém vá dormir
Sem pedir ou sem dar seu perdão
Que as crianças aprendam no colo
O sentido da vida
Que a família celebre
A partilha do abraço e do pão

Que marido e mulher não se traiam
Nem traiam seus filhos
Que o ciúme não mate a certeza
Do amor entre os dois
Que no seu firmamento
A estrela que tem maior brilho
Seja a firme esperança de um céu
Aqui mesmo e depois

A FAMÍLIA NO CAMINHO DO REINO

Como "Defensor da família", Pe. Zezinho, scj, ao longo destes anos de missão, pregou, rezou e cantou as dores e as alegrias das "Famílias do Brasil" e do mundo. São diversas as exortações "Em família" cantando a "Utopia", o "Aconchego", os "Alpendres, varandas e lareiras", com os "Pais e mães em oração". Sim, "Há de dar certo..." e será "Feliz o lar" "Fundamentado no amor".

Você (pai, mãe, filho/a, irmão/ã, avô, avó e tio/a) é convidado a fazer sua "Oração pela família". Leia, cante e reze as alegrias, as dores e as esperanças de sua família. Reze também pelos casais separados, pelos filhos sem pais e pelos que não têm família ou a abandonaram.

1 JANEIRO

Cantiga de matrimônio

Eu te agradeço tanto por este amor bonito que entrou na minha vida e me envolveu, me trouxe um novo encanto. Mostrou-me o infinito, e aquela dor doída, a dor da solidão, não mais doeu. Eu disse aonde eu ia, contei-te os sonhos meus. Disseste que era teu o meu caminho, encheste a minha vida de carinho; disseste que também buscavas Deus. Eu te agradeço tanto por este matrimônio, que se tornou meu sonho, que é muito mais bonito do que eu pensei! É grande, é puro, é santo, é cheio de lembranças, é feito de esperança. Te amo e para sempre te amarei! Com Deus por testemunha, eu juro neste altar que, venha o que vier em nossos dias, por entre mil tristezas e alegrias, para sempre vou te amar.

✛ Reflexão pessoal

O homem deixa pai e mãe para se unir à sua mulher,
e os dois se tornam uma só pessoa. Gn 2,24

Se de mim depender

2
JANEIRO

Se de mim depender, uma família eu vou ter. Uma família feliz eu vou ter, se de mim depender. E se de nós depender, nossa família vai ser mais uma família feliz. Meu coração tem um sonho e eu sei que vai acontecer. Passar a vida inteirinha ao lado do meu benquerer. Era uma vez um riacho, que outro riacho abraçou. Os dois formaram um rio e o rio para o mar deslizou. Era uma vez duas luzes brilhando sozinhas demais. Alguém uniu essas luzes e agora elas brilham bem mais. Há uma pessoa que eu amo, que eu amo até mais não poder. Ai, não, eu não saberia viver sem meu benquerer! E se de mim depender, uma família eu vou ter. E se de nós depender, nossa família vai ser mais uma família feliz.

✚ Reflexão pessoal

Meu amor, com uma só pérola do seu colar, você me roubou o coração. Ct 4,9

3 JANEIRO

Fundamentados no amor

Fundamentado no amor, feliz é o lar onde Deus é o Senhor e onde o amor costuma reinar. De alicerces profundos e bem construídos, é esse lar. Nem vento, nem chuva, nem nada no mundo conseguirá derrubar. Assim tem de ser meu lar. Fundamentado no amor, feliz é o lar onde Deus é o Senhor e onde o amor costuma reinar.

♣ Reflexão pessoal

Estejam fortemente enraizados
e alicerçados no amor... Ef 3,17

Dia de bodas

4
JANEIRO

Foi amor quando seus olhos se encontraram, quando falaram sem falar. Foi amor quando ele disse o que sentia e ela disse: "Eu vou pensar". Foi amor quando, serenos, namoraram e a certeza os envolveu. Foi amor quando ela disse que era dele e ele disse: "Eu sou seu". Foi amor aquela tarde na igrejinha e o "sim" naquele altar. Foi amor aquele choro de alegria, aquela paz e aquele lar. Foi amor a cada filho que nascia e crescia. Foi amor aquela dor que machucou, quando brigaram, e quando a ternura perdoou. Foi amor quando os cabelos branquearam e a idade enfim chegou. Foi amor quando chegaram vitoriosos. Amor bonito foi aquele Amor! Choveu até demais, a casa não ruiu e não perdeu a paz!

✚ Reflexão pessoal

Agora, permanecem fé, esperança, amor;
mas a maior delas é o amor. 1Cor 13,13

5 JANEIRO

Pais e mães em oração

Pais e mães em oração estão orando pelo bem dos filhos, pelo bem das filhas e de toda a família. Orando pelo bem dos filhos, pelo bem das filhas e de toda a família. É difícil preparar um ser humano! É difícil preparar uma pessoa, saber o que fazer quando seus filhos se magoam e quando choram. É por isso que eles oram, por isso que eles oram. Pais e mães em oração estão orando pelo bem dos filhos, pelo bem das filhas e de toda a família.

♣ Reflexão pessoal

_____
_____
_____
_____
_____
_____
_____
_____
_____
_____
_____
_____
_____
_____

Todas as famílias das nações
se prostrarão diante de ti. Sl 22,28b

A família dos meus sonhos

6
JANEIRO

A família dos meus sonhos tem um casal que se ama até o final. E que ama além da cama! Maravilhoso casal. Tem filhos apaixonados pelos pais que Deus lhes deu. Tem irmãos que se reúnem felizes e celebram os encantos da família e do seu lar. Na família dos meus sonhos, todos cuidam de todos, e sabem ceder, perder e ganhar. [...] Mais do que DNA, quem os une é o Senhor, e é no colo da família que se esconde aquele amor. Provado no riso e também na dor, e todos recebem dele, seja como e onde for. Lá choram pelo que sofre, cuidam de quem precisa, porque do time família todos vestem a camisa. A família dos meus sonhos permanece sempre unida. Não é sonho passageiro; é um sonho para a vida!

✚ Reflexão pessoal

_____
_____
_____
_____
_____
_____
_____
_____
_____
_____
_____
_____
_____
_____

Quão bom e quão agradável
é sentar-se junto aos irmãos. Sl 133,1

7 JANEIRO

Desculpa, mãe!

Desculpa-me, depois de tanto tempo, porque te magoei aquela vez. Desculpa-me por tantos contratempos que a minha rebeldia te causou. Desculpa, minha mãe, por não ter dito um "Deus te pague!". Desculpa, minha mãe, por não saber te agradecer. Desculpa pelas faltas de respeito. [...] Desculpa-me por tantos descaminhos. Desculpa este teu filho que cresceu. O tempo caminhou depressa e, apesar dos meus defeitos, acabei virando alguém. Teu coração não tinha pressa, sabia que eu iria me encontrar. E, agora que eu me achei, procuro a mãe que eu tive, para dar-lhe um beijo agradecido e atrasado, mas feliz. Desculpa-me, mamãe, pela demora imensa. Leva-se uma vida para entender o que é ter mãe.

✚ Reflexão pessoal

Aquele que honra a sua mãe
é como a pessoa que ajunta muitas riquezas. Eclo 3,4

São pais e mães

8
JANEIRO

São pais e mães que oram pelos filhos. São pais e mães que choram pelos filhos. São pais e mães pedindo luzes, levando cruzes, pedindo intercessão. São pais e mães orando por seus filhos, pedindo preces, e a suplicar. São pais e mães que dobram seus joelhos. São pais e mães que imploram por auxílio. São pais e mães pedindo graças, pedindo ajuda, pedindo proteção. São pais e mães orando por seus filhos, pedindo preces, e a suplicar. O que eu sei é que pais e mães que oram costumam ser grandes pedagogos. Oremos com eles, oremos por eles.

✚ Reflexão pessoal

Os filhos são um presente do Senhor;
eles são uma verdadeira bênção. Sl 127,3

9 JANEIRO

Quando um filho vai embora

Um casal de passarinhos que perdeu seu filhotinho, que caiu daquele ninho, anda triste como quê! Anda todo alvoroçado, a voar para todo lado, com seu canto agoniado, sem saber o que fazer. Quando um filho vai embora, não se sabe do depois. Pode ser que nunca volte. Que tristeza para os dois! É que o mundo tem perigos por demais, e um filhote ainda não sabe aonde vai. E é tão grande o sofrimento dos seus pais. Como dói, como dói, quando um filho vai embora, quando um filho se demora! Quando um filho fica fora!

♣ Reflexão pessoal

Deus, ouve minha oração!
Não te ocultes ante a minha súplica! Sl 55,2

Se foi Deus quem uniu

10 JANEIRO

Se foi Deus quem uniu, o homem não separe. Se foi Deus quem criou, o homem não destrua. Se são vidas que Deus fez, não cabe a nós desfazê-las. Fez as estrelas, fez os planetas e fez as pessoas; e até o amor que gera pessoas, foi ele que fez. E não compete a nós decidir quem deve nascer, quem deve morrer. Não nos pertence – ó não! – a criação. Se foi Deus quem uniu, o homem não separe. Se foi Deus quem criou, o homem não destrua. Se são vidas que Deus fez, não cabe a nós desfazê-las.

Reflexão pessoal

Portanto, o que Deus uniu,
o homem não deve separar. Mt 19,6b

11 JANEIRO

Em família

Eu canto para a família que deu certo. Eu canto em homenagem ao casal que conseguiu erguer a casa dos seus sonhos e pôr um sorriso em cada filho que gerou. É tão bonito de se ver, em tarde ensolarada de um domingo, mês qualquer, famílias aprendendo a ser famílias outra vez! É tão bonito de se crer que os jovens erguerão famílias fortes outra vez. Eu canto para o casal que não deu certo. Eu canto e peço luzes, para quem não conseguiu erguer a casa dos seus sonhos. Não conseguiu pôr um sorriso em cada filho que gerou. É tão doído de se ver, em toda e qualquer hora, casais que não se entendem, não conseguem nem se olhar. É tão doído de se ver um sonho que acabou e não tem chance de voltar.

✥ Reflexão pessoal

Quando a felicidade vai embora,
a tristeza já chegou. Pv 14,13

Cantiga por um casal fiel

12
JANEIRO

Seu nome era José, o carpinteiro; trabalhava dia e noite e noite e dia. Casou-se com Maria, tão meiga e tão singela, e dizem que mulher não haverá igual a ela! [...] Seu nome era José, o carpinteiro; vivia com Maria, louvando seu Senhor, e dizem que ninguém jamais viveu tão grande amor. Figura singular era Maria; em amor ninguém no mundo a superava. Vivera suspirando pela vinda do Messias, porém, que se fizesse filho seu, não esperava! Às vezes penso em José, querendo compreender sua fé, ou fico imaginando quem foi Maria e a vejo sempre ao lado de José. Por vezes uma angústia me persegue e pergunto para Maria e para José: por que será que o mundo não consegue entender o que se deu em Nazaré?

♣ Reflexão pessoal

José, filho de Davi,
não tenhas receio de receber Maria, tua mulher. Mt 1,20b

13 JANEIRO

Prece ao pé da lareira

Deus Pai e nosso Senhor, eis aqui nossa família orando, pedindo luz e bênçãos em nome do teu Filho Jesus. [...] Porque às vezes pecamos, viemos pedir perdão. Pelo muito que ganhamos, tens nossa gratidão. Porque és maravilhoso, viemos te enaltecer e, pelo irmão que precisa, viemos interceder. Nossa família é imperfeita, temos muito que aprender. Mas de amor ela foi feita e no amor queremos crescer. Por isso, Pai de bondade, cada dia mais aumenta o amor nos filhos e o amor nos pais. [...] Que saibamos viver juntos, respeitosos e amorosos. Escuta esta nossa prece, Pai nosso e Pai de Jesus. [...] Pedimos em nome dele tua graça e teu perdão. A família reunida te abre todas as portas. Amém.

✚ Reflexão pessoal

E vós, os pais, dai aos vossos filhos uma disciplina e uma educação dignas do Senhor. Ef 6,4

Brilhe a sua luz

14
JANEIRO

Que o Senhor esteja neste nosso amor. Que o Senhor esteja com nossos pais. Que o Senhor esteja em cada gesto e decisão. Que ele nos ensine a ser uma família feliz. Brilhe a sua luz dentro de nossa casa. Brilhe a sua paz por sobre nossas vidas. Seja nosso lar um testemunho vivo, que nossa família seja Igreja viva! Amém. Brilhe a sua paz sobre cada coração. Brilhe a sua paz sobre todos os irmãos. Brilhe a sua paz sobre o povo e a nação. Amém.

♣ Reflexão pessoal

Que o Senhor olhe para vocês com amor
e lhes dê a paz. Nm 6,26

15 JANEIRO

Há de dar certo este lar

Feliz o lar que aceitou caminhar, com Jesus Cristo aceitou caminhar. Por mais difícil que seja em Jesus Cristo e na Igreja, há de dar certo este lar. Feliz o homem, feliz a mulher, feliz o casal que acolheu a Palavra de Deus e segue fiel. Seus filhos no colo, no ombro e ao lado, servindo o Senhor. Feliz este lar, ele sabe cuidar, este lar tem amor. Feliz o lar que aceitou caminhar, com Jesus Cristo aceitou caminhar. Por mais difícil que seja em Jesus Cristo e na Igreja, há de dar certo este lar.

✚ Reflexão pessoal

Se o Senhor não construir a casa,
em vão seus construtores se afadigarão com ela. Sl 127,1

Utopia

16
JANEIRO

Das muitas coisas do meu tempo de criança, guardo vivo na lembrança o aconchego de meu lar. No fim da tarde [...] a família se ajeitava lá no alpendre a conversar. Meus pais não tinham nem escola nem dinheiro [...] trabalhavam sem parar. Faltava tudo, [...] o importante não faltava, seu sorriso, seu olhar. [...] Correu o tempo e hoje eu vejo a maravilha de se ter uma família, quando tantos não a tem. Agora falam do divórcio, o amor virou consórcio, compromisso de ninguém. Há tantos filhos que, bem mais do que um palácio, gostariam de um abraço e do carinho entre seus pais. Se os pais se amassem, o divórcio não viria, chame a isso de utopia, eu a isso chamo paz.

✚ Reflexão pessoal

Acima de tudo, revesti-vos do amor
que é o vínculo da perfeição. Cl 3,14

17 JANEIRO

Famílias do Brasil

Um lar onde os pais ainda se amam e os filhos ainda vivem como irmãos. E, venha quem vier, encontra abrigo e todos têm direito ao mesmo pão. Os filhos, qual rebentos de oliveira, alegrem os caminhos de seus pais. E façam a família brasileira achar seu amanhã na mesma paz. Que os jovens corações enamorados, humildes e aprendendo o verbo amar, não deixem de sonhar extasiados que um dia também eles vão chegar. Que aqueles que se sentem bem casados, que deu certo seu amor, o amor valeu, não vivam como dois alienados, mas partilhem essa paz que Deus lhes deu. Onde todos são por um e um por todos, onde a paz criou raízes e floriu. Um lar assim feliz seja o sonho das famílias do Brasil.

✚ Reflexão pessoal

Abraão esperou e acreditou e foi assim que se tornou o pai de muitos povos. Rm 4,18

Alpendres, varandas e lareiras

18
JANEIRO

Nos alpendres, varandas e lareiras, era ali que antigamente os pais ficavam. E os vizinhos visitavam, as famílias conversavam e as crianças, a brincar. Era um tempo em que as famílias tinham tempo. Era ali que antigamente os pais sonhavam e os compadres proseavam; as mulheres tricotavam e as crianças, a brincar. Eu não sou contra o progresso, Deus sabe que eu não sou. Mas eu acho que a família se deu mal ao trocar as conversas de vizinho e de lareira por novelas e pela violência na TV.

♣ Reflexão pessoal

As palavras bondosas são como mel:
doces ao paladar e boas para a saúde! Pv 16,24

19 JANEIRO

Esta família unida

Três ou quatro filhos e quatro avós e um casal. Quinze ou vinte primos e primas unidos pelo sangue e pela fé. Nem religião separa, nem partido, nem dinheiro, nada conseguiu nos separar. Esta família unida que sabe de onde veio e para onde vai. Esta família somos nós! O sangue nos uniu e a esperança nos formou, somos do mesmo tronco, somos da mesma raiz. Somos do mesmo sonho, somos família feliz!

♣ Reflexão pessoal

Na sua sabedoria, Deus fez os seres humanos
diferentes uns dos outros. Eclo 33,11

Defensor da família

20 JANEIRO

Sei que às vezes não dá certo, mas assim mesmo eu serei defensor da família, serei. Sou daqueles que ainda pensam que a maioria das mães e a maioria dos pais não quereriam jamais ver um filho a sofrer. Abençoados, iluminados, educadores, eles são. Jogam seu brilho sobre seus filhos e lhes entregam o coração. Falo em favor da maioria dos pais: levam a sério seu ministério em Cristo e, na Igreja, eles são sinais. Abençoados, iluminados, educadores, eles são. Jogam seu brilho sobre seus filhos e lhes entregam o coração.

♣ Reflexão pessoal

Envia tua luz e tua verdade!
Que elas me guiem! Sl 43,3

21 JANEIRO

Duas velas amorosas

Duas velas amorosas se encontraram, cada qual iluminando ao seu redor. Mas, depois que se encontraram, descobriram o milagre de quem vive um grande amor. Sua luz cresceu bem mais, pois se tornaram uma só. Dois amores em um amor, duas mentes a sonhar o mesmo sonho. E dois corpos a querer se completar. Foi amor, ninguém duvide, foi bonito! Sua luz lembrava as luzes do infinito. Amor, se for amor, será eterno, e quem disser que assim não é, perdeu a esperança ou ainda não tem fé!

✚ Reflexão pessoal

Se caminharmos na luz, como ele está na luz,
estamos em comunhão uns com os outros. 1Jo 1,7

Lareira

22
JANEIRO

Um ombro amigo de pai, um aconchego de mãe. Depois de duas novelas, a gente desliga a TV. Tem mãe querendo abraçar, tem pai querendo escutar. São seis pessoas naquele sofá, amando junto e brincando em família, passando a limpo as tarefas da vida. Família, lá em casa, tem vez. Tem caçulinha a berrar; parecem quatro filhotes debaixo das asas da mãe. Tem cafuné de um irmão, e um "sai pra lá" de outro irmão. O caçulinha chorou, porque o maior empurrou. Tem pai ralhando com este, tem mãe consolando o chorão. Tem dois pequenos a rir, tem um que quer discutir. São seis pessoas naquele sofá, amando junto e brincando em família. Passando a limpo as tarefas da vida. Família, lá em casa, tem vez.

✛ Reflexão pessoal

*O amor tudo suporta, tudo crê,
tudo espera, tudo tolera. 1Cor 13,7*

23
JANEIRO

Amor, sexo e gratuidade

Do ponto de vista católico, Deus criou o ser humano com o desejo latente e, depois, cada dia mais claro, de procriar, doar seu corpo, dar e receber carinho, criar novas vidas, mergulhar, ele no mistério dela e ela no dele, enquanto ambos perseguem, a dois, o mistério da família. Há os que conseguem. Acham alguém do outro sexo com os valores que buscavam. Desejam-se, entregam-se, fazem famílias bonitas e tranquilas. Se os filhos não vêm, mesmo assim eles acham o consolo um no outro, ou em obras sociais, ou adotando filhos que outros não puderam ou não quiseram criar. [...] o sexo é obra de Deus, é maravilhoso. Nem sempre é uma festa. O casal sabe disso. Às vezes o sexo tem renúncias dolorosas.

✠ Reflexão pessoal

Ele os criou homem e mulher e os abençoou, dizendo:
"Tenham muitos filhos". Gn 1,27-28

Feliz o lar

24
JANEIRO

"Eu mais a minha família serviremos ao Senhor." Feliz o lar que foi erguido sobre a rocha do amor. Feliz porque bem construído no alicerce do Senhor. "Eu mais a minha família serviremos ao Senhor." Ele se fez marido dela e por ela então viveu. Ela se fez esposa dele e jamais se arrependeu. "Eu mais a minha família serviremos ao Senhor." Havia Deus naquela casa; quanto amor e quanta fé! O seu amor foi inspirado em Maria e em José. "Eu mais a minha família serviremos ao Senhor." Que sentimentos preciosos, que pessoas de valor! Envelheceram graciosos; quanta paz e quanto amor! "Eu mais a minha família serviremos ao Senhor."

✚ Reflexão pessoal

_____
_____
_____
_____
_____
_____
_____
_____
_____
_____
_____
_____
_____
_____

Eu e a minha família
serviremos a Deus, o Senhor. Js 24,15c

25 JANEIRO

Seremos família no céu

Abraçando-se, valorizando-se, corações em Deus: eis a minha família a caminho do céu. Perdoando-se, compreendendo-se cada dia melhor: eis a minha família, Santuário do amor. Às vezes a gente ainda erra; lá em casa ninguém é perfeito. E, quando acontece um problema, a gente não faz escarcéu. Já somos família na terra, seremos família no céu. Escutando e dialogando cada dia mais: eis a minha família a caminho da paz. Meditando e participando, olhos no amanhã: eis a minha família, generosa e cristã. Já somos família na terra, seremos família no céu.

✚ Reflexão pessoal

Cada um ame sua esposa como ama a si mesmo,
e a mulher respeite o seu marido. Ef 5,33b

Aconchego

26 JANEIRO

Minha casa é uma casa pequenina, cabem cinco, mas abriga muito mais. [...], quase tudo a gente tem que repartir. [...] Minha casa tem calor, tem harmonia. [...] Nas paredes tem Jesus e tem Maria, que nos lembram de que é melhor viver em paz. Quando, às vezes, vai nascendo uma barreira e um de nós esquece a hora do perdão, um sorriso e uma inocente brincadeira fazem a gente remoçar o coração [...]. Meu Senhor do céu, que às aves deste um ninho, [...] eu sou pobre, mas sou como os passarinhos: tenho casa onde a gente vive em paz. Mas conheço quem, também não tendo nada, não consegue, já nem sabe mais lutar. Passa a vida sob as pontes e nas calçadas, ou nem come, só para ter onde morar.

✝ Reflexão pessoal

Guarda-me, Deus,
porque em ti me abrigo! Sl 16,1

27 JANEIRO

Bicicleta

Você se lembra, filho meu, da bicicleta que eu lhe dei em um 25 de dezembro? Eu só me lembro de escutar sua risada e sua mãe, apavorada, me chamar de pai maluco. Inda me lembro de como foi a brincadeira de nós dois: você tentando não cair e eu segurando no selim, mais afobado que você. "Cuidado! Segura firme no guidão! Olha os sinais! Olha para a frente!" Na mesma tarde eu vi você se equilibrando sem cair [...]. Ser pai é mais ou menos o que eu fiz. Estar ali bem perto, mas deixar que o filho aprenda por si mesmo! E segurar ao ver que o filho está caindo e não deixar que se magoe. Recomeçar até que o filho aprenda a equilibrar-se. E, quando ele aprender, deixar que vá, acreditar, deixar andar...

✤ Reflexão pessoal

Eduque a criança no caminho
em que deve andar... Pv 22,6

Oração por nossos filhos

28 JANEIRO

Ouve a nossa prece, ó Pai celeste, em favor dos filhos que nos deste. Põe em nós um pouco do teu brilho e, em cada filho, a tua luz. Põe tua palavra em nossa boca, põe teu gesto em nosso coração. Não amemos nem demais nem de menos. Saibamos ser seus pais, saibamos muito mais: pessoas educando outras pessoas, cidadãos formando novos cidadãos. Famílias preparando outras famílias. Pais formando os filhos para a paz. Ouve a nossa prece, ó Pai celeste, em favor dos filhos que nos deste. Põe em nós um pouco do teu brilho e, em cada filho, a tua luz. Põe tua palavra em nossa boca, põe teu gesto em nosso coração.

♣ Reflexão pessoal

Meus filhos, sigam os conselhos que receberam
e vivam em paz. Eclo 41,14

29 JANEIRO

Cantiga por vovó

Ai, quantas vezes eu vi vovó rezar o terço na cadeira de balanço! A noite inteira ela rezava: "Pai nosso... Ave, Maria... Glória ao Pai...". Vovó sabia conversar com Deus. Ai, quantas vezes eu vi vovó de olhar perdido no infinito, pedindo graças e favores! Era tranquilo, era feliz, era bonito ouvir vovó e os seus louvores [...]. E eu, que leio a Bíblia todo dia, sei bem menos do que minha vó sabia. Vovó, que nem sequer sabia ler, sabia muito mais teologia. Falava com Deus Pai, falava com Jesus. Todo dia ela pedia ao Santo Espírito uma graça especial. Todo dia ela falava com Maria, que foi mãe e entende quem é mãe! "Pai nosso... Ave, Maria... Glória ao Pai..." Era bonito ver vovó rezando...

✚ Reflexão pessoal

*Muito pode a oração
fervorosa do justo. Tg 6,16b*

Bênção da família (Oração)

30 JANEIRO

Senhor, não sabemos orar, mas tudo vês e sabes o quanto nos amamos e o quanto queremos amar em família: como pais, como filhos e como irmãos. Nossas imperfeições e nossos defeitos, às vezes, nos levam a atitudes que ferem as pessoas. [...] E é por isso que oramos, para aprender, pedir perdão, buscar luzes e aperfeiçoar nossas relações em casa. [...] Abençoa-nos, Senhor, abençoa a todas as famílias! [...] Faze de nós uma grande família e um grande coração, para vivermos a tua compaixão, a tua misericórdia. Que nossa família seja iluminada e iluminadora, perdoada e perdoadora. Desça sobre nós, sobre a sua família, sobre todas as famílias do mundo, a bênção do bom Deus: Pai, Filho e Espírito Santo!

✤ Reflexão pessoal

Que fiquem contentes e em ti se alegrem
todos os que te procuram. Sl 40,17

31 JANEIRO

Ilumina, ilumina

Minha prece de pai é que meus filhos sejam felizes. Minha prece de mãe é que meus filhos vivam em paz. Que eles achem os seus caminhos, amem e sejam amados, vivam iluminados. Nossa prece de filho é prece de quem agradece e sente orgulho dos pais. Que eles trilhem os teus caminhos, louvem e sejam louvados, sejam recompensados. Minha prece, ó Senhor, é também pelos meus familiares, por quem tem um pouco de nós. Nossa prece, ó Senhor, é também pelos nossos vizinhos, por quem vive, trabalha e caminha conosco, Senhor. Que eles achem os seus caminhos, amem e sejam amados, vivam iluminados. Ilumina, ilumina nossos pais, nossos filhos e filhas. Ilumina, ilumina cada passo das nossas famílias.

✚ Reflexão pessoal

*Com orações e súplicas de toda ordem,
orai em todas as circunstâncias no Espírito. Ef 6,18*

FEVEREIRO

POR UMA CULTURA DE PAZ, DIÁLOGO E SOLIDARIEDADE

Sabemos que a diversidade da criação de Deus traduz a vontade divina. Vemos quantas cores, quantas flores, quantos tipos de comidas, bebidas, frutas existem, e a beleza dessa criação não ia ser a mesma se houvesse um único sabor ou uma única cor; e acontece o mesmo com o pensamento. Nós temos vários pensamentos, e a divergência do pensamento deve trazer uma riqueza para a cultura e experiência, o que é muito útil e benéfico para o ser humano.

Uma coisa lamentável é que nós, nesta época, temos a necessidade de confirmar, de explicar e de dialogar sobre a intolerância religiosa. Estamos em uma época conhecida como a da iluminação, do conhecimento e da sabedoria. A humanidade, no passado, já sofreu muito e teve muitos problemas por causa do preconceito, e com certeza a principal causa dessa doença é a exiguidade espiritual e a ignorância de ignorar a essência da religião.

Quando vemos e escutamos a respeito desses acontecimentos de intolerância religiosa que acontecem aqui nos nossos dias, sentimos que precisamos, que necessitamos reconstruir o ser humano mental e espiritualmente, e através do conhecimento e da cultura podemos eliminar a ignorância. É por meio da purificação e da educação espiritual que aqui no Brasil trabalhamos todos nós com todas as religiões, tentando fazer um trabalho conjunto para que o Brasil sempre seja o Brasil de todos, sem preconceito e sem intolerância religiosa.

Nesse sentido, reconhecemos a importância e o esforço do Pe. Zezinho em estabelecer o diálogo entre as igrejas, templos, comunidades religiosas e, também, com as organizações e instituições públicas e privadas, trabalhando a importância da propagação da cultura de paz para a promoção do bem comum.

O Pe. Zezinho, com seu empenho e trabalho, tem colaborado muito com a elaboração de diálogos, programas e ações de combate à intolerância religiosa, visando à promoção de cultura de paz e de solidariedade.

Mohamad Al Bukai
Sheikh da Mesquita Brasil
Diretor de Assuntos Religiosos da UNI – União das Entidades Islâmicas do Brasil.
Membro Gestor do Fórum Inter-Religioso por uma Cultura de Paz e
Liberdade de Crença da Secretaria da Justiça e
da Defesa da Cidadania do Estado de São Paulo

A FRATERNIDADE E O ECUMENISMO NO CAMINHO DO REINO

Ecumenismo, solidariedade e fraternidade são temas constantes nas pregações do Pe. Zezinho, scj. A prática do diálogo e o respeito para com os que creem em Jesus de forma diferente, sem renunciar a sua fé e a seu "jeito" de acreditar em Jesus, são um convite para nós. A fé em Jesus e a solidariedade devem andar juntas, pois, como diz São Tiago: "A fé sem obras é morta" (Tg 2,26). As mesmas mãos que se erguem para louvar devem se estender para ajudar os que mais precisam. Aprendamos a dialogar e a respeitar os que pensam e creem de forma diferente da nossa, pois o que nos une é bem maior do que aquilo que pode separar-nos. Sejamos cristãos ecumênicos e solidários.

1 FEVEREIRO

Canção ecumênica

Que todos nós que acreditamos em Deus saibamos viver em paz e dialogar. Que todos nós que cremos que Deus é Pai saibamos nos respeitar e nos abraçar. Filhos do Universo, filhos do mesmo amor, saibamos ouvir uns aos outros, ouvir o que outro nos tem a dizer; e sem combater, sem desmerecer. Primeiro escutar, depois discordar, por fim celebrar e orar, e adorar e servir a Deus. E ajudar as pessoas, e respeitar os ateus, para sermos filhos de Deus. Que todos nós que acreditamos em Deus saibamos viver em paz e dialogar.

✝ Reflexão pessoal

Sede, pois, imitadores de Deus,
como filhos amados que sois. Ef 5,1

2 FEVEREIRO

Pai nosso ecumênico

Ó Pai nosso de todos os dias, dai-nos hoje o nosso pão! O pão nosso de cada dia dai a nós e ao nosso irmão. Que não falte em nenhuma casa, dos valores, o essencial. Que não falte na comunidade o social e o espiritual. Que saibamos respeitar-nos e aprendamos a conviver. Ensinai-nos a conjugar o verbo amar e o verbo crer. Ó Pai nosso de todos os povos, nós viemos te adorar! Que se exalte o teu santo nome sempre, em qualquer lugar. Que não faltem a nenhuma Igreja o verbo ouvir e o verbo orar. Entre elas o costume seja de querer dialogar. Que saibamos respeitar-nos e aprendamos a nos amar, e levai-nos a comungar do mesmo pão e do mesmo altar.

✚ Reflexão pessoal

Dá-nos hoje
nosso pão de cada dia. Mt 6,11

3 FEVEREIRO

Solidariedade e solidarismo

Solidariedade e "solidarismo" são palavras à procura de melhor definição, mas, para os cristãos que acreditam nos evangelhos, a ideia da solidariedade transversaliza o conceito de caridade. Não há caridade sem solidariedade e não há solidariedade sem caridade. É que solidariedade é coisa de gente sólida. E a caridade supõe solidez. Há um quê de eternidade na pessoa solidária; ela sabe que as coisas daqui vêm e vão, vão e vêm, e passam. Se você nunca viu uma pessoa solidária, procure conhecer uma: vai conhecer uma pessoa serena e forte.

✚ Reflexão pessoal

Não vos esqueçais da prática do bem
e da solidariedade. Hb 13,16

Irmãos separados

4
FEVEREIRO

São todos irmãos, mas alguns não aceitam que são. Irmãos separados cada um por seu lado a louvar e a partir o seu pão. Irmãos separados e a dizer que o fiel mais fiel é quem faz como eles. Gostam mais de ensinar e pregar, gostam menos de dialogar. Irmãos separados! Separados, na hora da prece, na hora do livro, na hora do pão. Separados em nome do Cristo, separados em nome do céu. Separados em nome da Bíblia. E, às vezes, brigando por causa de Deus. Irmãos separados!

✚ Reflexão pessoal

Um só é vosso Mestre
e vós todos sois irmãos. Mt 23,8

5 FEVEREIRO

Se me dessem três minutos

Se eu pudesse reunir todos os crentes em Jesus, se me fosse dado orar e conversar com todos eles, se me dessem três minutos para falar... Começaria por pedir perdão, se alguma vez pensei que Deus me ouve mais. E lembraria que Jesus nos quer irmãos preocupados em viver o dom da paz. Irmão menor eu quero ser. Só Deus conhece o meu querer, só ele sabe quem de nós está mais perto de Jesus. E pediria para trocarmos nossas Bíblias como sinal de um preconceito que acabou. Não é a mesma coisa, nem somos tão iguais, mas Deus é mais e o Filho dele poderá nos ensinar como, apesar das diferenças, humilde, serena e fraternalmente caminhar em paz.

♣ Reflexão pessoal

Por eles, eu me santifico,
a fim de que eles sejam santificados na verdade. Jo 17,19

Aprenderemos

6
FEVEREIRO

É Jesus com seu mistério, é Jesus de Nazaré. É Jesus levado a sério a razão da nossa fé. Foi Jesus quem fez Maria ser a santa que ela é. Foi Jesus quem fez o santo dar a vida pela fé. É Jesus – louvado seja! –, que nos une em caridade, quem vai fazer nossas igrejas descobrirem a verdade. Hoje cremos diferente em Jesus de Nazaré. Mas o mundo a nossa frente quer saber como é que é. Crer em Deus tão divididos de cabeça e coração, incapazes de sentar-nos para partir o mesmo pão. Só Jesus – louvado seja! – vai nos dar mais humildade, vai levar nossas igrejas no caminho da unidade.

✚ Reflexão pessoal

Quem não está contra nós,
está a nosso favor. Mc 9,40

7 FEVEREIRO

Eu sigo a luz

Eu sigo a luz de Jesus eu sei de onde ela vem. Sei que esta luz ilumina a todo homem de bem, não importa que Bíblia ele tem. Não importa de que lado ele sobe à montanha. Não importa de que lado ele bebe lá na fonte. Lá no céu só vai entrar quem sabe amar. Quem se acha mais fiel, mais escolhido e mais eleito, quase sempre vê nos outros um pecado e um defeito. Mas no céu só vai entrar quem sabe amar. Lá no céu só vai entrar quem sabe amar.

✤ Reflexão pessoal

*Você não está distante
do Reino de Deus. Mc 12,34b*

Fraternos

8
FEVEREIRO

Quando a fraternidade toma conta de um coração, existe uma novidade nessa pessoa. Inaugura-se um jeito de ser e a pessoa começa a entender que viver é vocação. E, de repente, a pessoa sai pelas ruas e praças, e, em cada rosto que passa, vê o rosto de um irmão. Quando a fraternidade toma conta de um coração, o Espírito Santo paira sobre a pessoa. Um profeta começa a nascer e a pessoa começa a entender que amar é a solução. E, de repente, a pessoa, da luz de Deus inundada, já não tem tempo para nada, faz da vida uma oblação. E, de repente, a pessoa sai pelas ruas e praças, e, em cada vida que passa, vê uma nova criação.

✚ Reflexão pessoal

Não havia necessitados entre eles... At 4,34a

9 FEVEREIRO

Ecumênico com muita honra

Sou cristão e feliz por ter conhecido a Jesus e sua mensagem. É uma honra fazer parte dos que seguem Jesus. Mas isso não me dá o direito nem de relativizar as igrejas, como se tudo fosse a mesma coisa, nem de me achar mais santo, mais eleito, mais fiel e mais católico ou evangélico do que os outros. [...] Há tanta coisa boa que podemos viver em comum, que considero perda de tempo discutir sobre o que nos separa. Discutir religião para ver quem ama e sabe mais, nunca! Dialogar sobre nossas igrejas, sim! Sou ecumênico, com muita honra! Acredito no nosso jardineiro e no seu jeito de lidar com as flores.

✚ Reflexão pessoal

Honrai a todos, aos irmãos amai,
a Deus temei, ao rei honrai. 1Pd 2,17

Aquilo que eu mais queria

10
FEVEREIRO

Aquilo que eu mais queria está por acontecer. Está despontando o dia que o mundo queria ver. Há povos sentando à mesa buscando um jeito de se entender. Cantores querendo ouvir as canções do outro compositor. Gente a cantar a paz sem impor seu jeito de ser cantor. Há crentes orando juntos, buscando um jeito de ouvir o céu. Fiéis recitando a Bíblia sem garantir quem a lê melhor. Crentes a proclamar suas verdades sem escarcéu. Há grupos pensando juntos, pensando jeitos de fazer mais. Amigos que fazem tudo para ver melhor seu irmão menor. Gente que quer a paz e que só espera criar mais paz.

♣ Reflexão pessoal

_Já não sois mais estrangeiros nem forasteiros,
sois membros da família de Deus. Ef 2,19_

11
FEVEREIRO

Foi um copo d'água

Foi um copo d'água dado de bom jeito, foi um "obrigado" dito com respeito, foi uma conversa de quem tem com que não tem, que justificaram meu louvor e meu amém. Deus, que tudo viu, não deixou passar, me retribuiu pelo que eu fiz. Deus me abençoou, veio me tocar, pois meu gesto fez alguém feliz. Foi um copo d'água dado com amor, foi pouco, mas tocou o coração do meu Senhor.

✚ Reflexão pessoal

Quem der de beber um copo de água a um desses pequenos, não perderá sua recompensa. Mt 10,42

Iguais

12 FEVEREIRO

Tenho irmãos, tenho irmãs aos milhões em outras religiões. Pensamos diferente, oramos diferente, louvamos diferente. Mas numa coisa nós somos iguais: buscamos o mesmo Deus, amamos o mesmo Pai, queremos o mesmo céu, choramos os mesmos "ais". Tenho irmãos, tenho irmãs aos milhões em outras religiões. Falamos diferente, cantamos diferente, pregamos diferente, mas numa coisa nós somos iguais: buscamos o mesmo amor, queremos a mesma luz, sofremos a mesma dor, levamos a mesma cruz. Um dia talvez, quem sabe, descobriremos que somos iguais. Irmão vai ouvir irmão e todos se abraçarão nos braços do mesmo Deus, nos ombros do mesmo Pai.

♣ Reflexão pessoal

É por meio de Cristo que ambos temos acesso ao Pai pelo mesmo Espírito. Ef 2,18

13 FEVEREIRO

Religião libertadora

É por causa do meu povo machucado que acredito em religião libertadora! É por causa de Jesus ressuscitado que acredito em religião libertadora! É por causa dos profetas que anunciam, que organizam, denunciam. É por causa de quem sofre a dor do povo, é por causa de quem morre sem matar. É por causa dos pequenos e oprimidos, dos seus sonhos, dos seus ais, dos seus gemidos. É por causa do meu povo injustiçado, das ovelhas sem rebanho e sem pastor. É por causa do profeta que se cala, mas até com seu silêncio grita e fala. É por causa de um Jesus que anunciava, mas também gritava aos grandes: ai de vós! É por causa de milhões de testemunhas que apostaram suas vidas no amor, que acredito em religião libertadora.

✚ Reflexão pessoal

Jesus sentiu compaixão das multidões,
porque estavam indefesas como ovelhas sem pastor. Mt 9,36

Em busca do Filho de Deus

14 FEVEREIRO

Se estou na Igreja Católica é porque a acho mais certa e melhor, mas não sairei por aí ofendendo a dos outros, que tem muitos valores também. Posso até não concordar com meu irmão de outra fé, mas ele é meu irmão. Posso até não pensar como ele pensa, nem orar como ele ora, nem encarar a religião e a fé como ele; posso achar que, talvez, eu tenha mais informação do que ele. Mas isso não me dá o direito de achar que sou superior. Pode acontecer que, no último dia, ele entre no céu e eu não, mesmo tendo frequentado a melhor Igreja.

♣ Reflexão pessoal

Não é aquele que me diz: "Senhor! Senhor!"
que entrará no Reino dos céus. Mt 7,21a

15 FEVEREIRO

Teimosamente fraternos

Aquele que nos ama tem poder de nos aproximar e de nos ensinar que as nossas diferenças não são tão grandes a ponto de nos separar. Nem tudo é igual, nem tudo é a mesma coisa. Mas a verdade é que somos irmãos. Outro jeito de ver, outro jeito de crer e de orar, mas somos irmãos! Teimosamente fraternos, irmãos em Cristo. Aquele que nos ama tem poder de nos aproximar e de nos ensinar que as nossas diferenças não são tão grandes a ponto de nos separar. Nem tudo é igual, nem tudo é a mesma coisa. Mas a verdade é que somos irmãos. Outro jeito de ver, outro jeito de crer e de orar, mas somos irmãos! Teimosamente fraternos, irmãos em Cristo.

♣ Reflexão pessoal

Santifica-os na verdade.
Tua palavra é a verdade. Jo 17,17

A pessoa que perdoa

16
FEVEREIRO

A pessoa que perdoa se revela mais pessoa do que quem não perdoa. Perdoar é uma virtude que supõe a plenitude do verbo amar. Só quem ama de verdade tem bastante caridade e humildade [...]. Não é fácil perdoar, mas sem perdão não há mudança nem solução. Deus, que sabe relevar, ajuda a quem deseja e não consegue perdoar. Coração que não perdoa facilmente se magoa, se zanga à toa [...]. Agressivo e violento, quando sente que é o momento, vai se vingar. Por sentir-se majestade, não conhece a caridade e a humildade de quem perdoa. [...] Só que vai se corroendo e adoecendo lá por dentro e perde a paz. Deus, que sabe perdoar, ajuda a quem precisa conhecer o verbo amar.

✤ Reflexão pessoal

Sede, uns para com os outros, bondosos, compreensivos, perdoando-se mutuamente. Ef 4,32a

17 FEVEREIRO

Que todos sejam um

Que todos sejam um. Que a fé e a razão caminhem juntas. Que todos sejam um, que todos sejam um. Unidos na missão do Redentor, que todos sejam um. Não tenhas medo da mensagem de Jesus, nem do caminho que ele é. Exigente é o Senhor Jesus. Mas seu caminho tem amor. Libertador, libertador ele é. Que todos sejam um. Que a fé e a razão caminhem juntas. Que todos sejam um, que todos sejam um. Unidos na missão do Redentor, que todos sejam um.

✤ Reflexão pessoal

Pai santo, guarda-os em teu nome, para que sejam um, assim como nós somos um. Jo 17,11b

O convite do Senhor

18
FEVEREIRO

Abre os braços e estende a tua mão, pois é hora de reconciliar. Vai fazer de cada irmão o teu irmão e como um povo iremos caminhar. Quem nos convida é o Senhor, a vivermos em fraterno amor. Caminhemos unidos na verdade, pois é hora de reconciliar na humildade, na paz, na caridade; assim nós iremos fazer o mundo irmão. Nos adultos, nos jovens, nas crianças, nas famílias e em todas as nações, nós iremos semear a esperança para renascer o amor nos corações. No fraterno carinho que enobrece, saberemos repartir o nosso pão; se alguém vive no ódio que empobrece, falaremos de amor e de perdão.

✚ Reflexão pessoal

Pois o fruto da luz consiste em bondade, justiça e verdade. Ef 5,9

19 FEVEREIRO

Não temos medo, somos ecumênicos

Os cristãos que, de fato, descobriram Jesus e a fraternidade amam suas igrejas, mas não acima da fé em Jesus. Por isso, conseguem tranquilamente dizer, como Jesus aos doze: "Deixem-no em paz. Quem não está contra nós está conosco!" (Lc 9,49). O ecumênico aceita os caminhos e o jeito do outro que ama a Deus, mesmo que pense diferente em alguns assuntos. O não ecumênico tem medo. Por isso diz: "Ele não ora, nem pensa, nem age exatamente como nós, logo é um transviado. Se não está conosco, está contra nós".

✜ Reflexão pessoal

Vimos alguém expulsar demônios em teu nome e o impedimos, porque não nos seguia. Mc 9,39s

Os muros vão cair

20
FEVEREIRO

Os muros vão cair e, mesmo que demore muito, eu só sei dizer que os muros vão cair. Tijolo vai sobre tijolo para erguer o lar de quem deseja amar. Tijolo também ergue muros para dividir quem pode se encontrar. Vizinhos já nem se conhecem nem podem se cumprimentar, porque há mais cimento construindo muros do que passarelas para dialogar. Quem sabe um dia, a minha gente, olhando para o céu, não veja divisão. E então decida, novamente, caminhar no amor que faz o mundo irmão. E gente, então, procure gente buscando se compreender, destruindo os muros que ainda nos separam e não deixam nunca povo algum crescer.

✚ Reflexão pessoal

Bem-aventurados os que trabalham pela paz,
porque serão chamados filhos de Deus. Mt 5,9

21 FEVEREIRO

Prece universal

Senhor, dai pão a quem tem fome e fome de justiça a quem tem pão. Dai-nos seguir a mesma estrada que termina onde todos são irmãos. Dai-nos fé, dai-nos amor, dai-nos coragem de morrer, para que os homens tenham medo de matar. Dai-nos fé, dai-nos amor. Dai-nos um caminho para todos, pois muitos já não sabem onde andar. Senhor, dai-nos paz, que não é trégua, e voz que não reboa para ferir. Prudência para falar primeiro de nunca usar da força, mas de ouvir. Dai-nos fé, dai-nos amor, dai-nos coragem de sorrir, para que os outros tenham medo de odiar. Dai-nos fé, dai-nos amor, dai um caminho para todos, pois muitos já não sabem mais amar.

✚ Reflexão pessoal

Acrescentai à vossa fé a virtude, à piedade o amor fraterno, e a este a caridade. 2Pd 1,5ss

Preparas um povo

22
FEVEREIRO

Preparas um povo, um povo capaz. Capaz de criar condições para a paz. Preparas um povo, Senhor, povo missionário. Povo solidário, povo adorador, povo feliz, capaz de mudar um país. Povo feliz, capaz de mudar um país, um só coração e uma só alma. Mesmos sentimentos, mesmos pensamentos, mesmos ideais. Prepara-nos, Senhor, para sermos este povo. Povo que faz, povo que faz, povo fazedor da paz. Preparas um povo, um povo capaz, capaz de criar condições para a paz. Preparas um povo, Senhor, povo missionário, povo solidário, povo adorador, povo feliz, capaz de mudar um país. Prepara-nos, Senhor, para sermos este povo. Povo que faz, povo que faz, povo fazedor da paz.

✚ Reflexão pessoal

*Uma colheita de justiça é semeada na paz
por aqueles que constroem a paz. Tg 3,18*

23 FEVEREIRO

Religião e rimas

Se não rimar com oração, se não rimar com vocação, não é religião. E se não rima com irmão e se não rima com perdão, não é religião. Se não reparte o pão e se não tem compaixão, não é religião. Se não tiver bondade, se diz que tem verdade, mas não tem fraternidade, não é religião. Se conduzir à oração e se despertar para a vocação, então é religião. Se faz a gente ser irmão, se faz pedir e dar perdão, então é religião. Se repartir o pão, então é religião. Se ensina a compaixão, se ensina caridade, então é religião. Se crê serenamente, respeitando os outros crentes, então é religião.

✚ Reflexão pessoal

Para Deus, a religião pura é esta: ajudar os órfãos e as viúvas nas suas aflições. Tg 1,27a

Orar como irmãos

24
FEVEREIRO

Que saibamos um dia orar no mesmo altar, sem preconceito. Que saibamos orar como irmãos e unir as mãos, sem desrespeito. Partir o pão da união mesmo que as nossas religiões não pensem do mesmo jeito. Venha logo esse dia, Senhor! Venha logo, Senhor, esse dia! Não tem que ser tudo igual, nem do meu jeito nem do dele; todos precisam ceder sem perder o essencial que os levou a crescer, a ser a Igreja que são. Temos nossas virtudes e nossos defeitos, mas não podemos ferir nem perder o respeito.

✠ Reflexão pessoal

Como colaboradores, também vos exortamos a não receber em vão a graça de Deus. 2Cor 6,1

25 FEVEREIRO

Oração por quem não crê

Por meu irmão que não crê, pelos ateus que eu conheço, dos quais alguns são mais honestos que muitos cristãos, eu faço esta prece sincera, eu faço esta humilde oração. Por meu irmão que te vê como empecilho ou tropeço e, por querer ser honesto, não adere nem brinca de crer, eu venho te agradecer. Vale mais o que duvida e vive querendo entender do que aquele que acredita, mas não sabe no que crê. Por meu irmão que me diz que não conhece a verdade, mas é sincero e honesto, mais honesto que muitos de nós, eu faço esta prece pequena. Por essa gente infeliz que pensa que já foi salva, por aderir cegamente sem perguntas e sem reflexão, eu venho pedir-te desculpas, eu venho pedir-te perdão.

✛ Reflexão pessoal

Examinai a vós mesmos se estais na fé,
provai a vós mesmos. 2Cor 13,5

Fé que respeita

26
FEVEREIRO

Não sei tudo o que poderia saber, nem tudo o que deveria saber sobre Deus. Há pessoas de minha Igreja que sabem mais. Há pessoas de outras religiões que também sabem mais. Há pessoas que o amam mais e o servem melhor. Tenho muito a aprender com outros crentes, mas tenho coisas a ensinar. Se discordar, o farei com respeito; se concordar, o farei com independência. Caminharei junto no que for possível; no que ainda não for possível, buscarei caminhos. Não modificarei a minha fé para fazer amigos, mas não os maltratarei por causa da minha fé. Saberei ver a luz nos outros, mesmo que eles não a vejam em mim.

♣ Reflexão pessoal

Não devemos ser orgulhosos, nem provocar ninguém, nem ter inveja uns dos outros. Gl 5,26

27 FEVEREIRO

Eu me sinto irmão

Eu me sinto irmão toda vez que eu abro meu livro santo. E no livro santo o Senhor me diz que eu não vivo só. Ele é Deus de todos, ele é meu Pai, mas é também Pai dos outros. Somos pó da terra e voltaremos ao mesmo pó. Aprendi que a vida só tem valor e só faz sentido para quem dialoga, procura a paz e não causa dor. Quem falou que crê, mas se diz mais santo e mais escolhido, se pintou demais e esqueceu as cores do puro amor. Mas o pensamento e o sentimento vivem mais; sei que morrerei, mas não é o fim. Há uma vida eterna neste imenso rio a passar por mim. Passará meu corpo, mas a minha alma não passará. Sei que a minha vida no mar de Deus continuará.

✠ Reflexão pessoal

Aquele que fizer a vontade de meu Pai,
este é meu irmão, irmã e mãe. Mt 12,50

Procuram-se corações

28 FEVEREIRO

Procuram-se corações semelhantes ao dele. Procuram-se corações capazes de amar e de ser solidários, capazes de compaixão, de sentir pena dos outros e de querer ajudar. Procuram-se corações... É assim o Coração de Jesus, totalmente a serviço dos outros; é assim o Coração de Jesus. Procuram-se corações aprendizes do dele; procuram-se corações capazes de amor e de paz e justiça. Procuram-se corações capazes de se envolver, de defender os pequenos e de semear união. Procuram-se corações...

✤ Reflexão pessoal

Aprendei de mim,
que sou tolerante e humilde de coração. Mt 11,29

29 FEVEREIRO

Fraternidade
(Hino da Campanha da Fraternidade 2001)

A necessidade era tanta e tamanha que a fraternidade saiu em campanha. Andou pelos vales, subiu às montanhas, foi levar o seu pão. A dor era tanta, a injustiça tamanha, que a luz de Jesus, que o seu povo acompanha, o iluminou para viver em campanha em favor dos irmãos. Um só coração e uma só alma, um só sentimento em favor dos pequenos, e o desejo feliz de tornar o país mais irmão e fraterno, vão fazer de nós povo do Senhor, construtores do amor, operários da paz, mais fiéis a Jesus. Vão fazer nossa Igreja uma Igreja mais santa e mais plena de luz. Erguer as mãos com alegria, mas repartir também o pão de cada dia!

✚ Reflexão pessoal

A multidão dos que acreditavam
era um só coração e uma só alma. At 4,32a

MARÇO

UMA VIDA COMPARTILHADA

Discorrer sobre um ícone que fez da sua vocação e carreira
meios sólidos e coerentes de falar de Deus é de suma responsabilidade
para os que fazem parte dessa história viva em forma de gratidão.

Faltam-nos palavras que exprimam todo o sentimento de participar desse momento.

Amizade, parceria, cumplicidade, aprendizado, sorrisos,
confiança, partilha e fé, seja nos palcos ou fora deles.

Fomos agraciadas com a incrível capacidade de um homem escrever, cantar
e falar com tamanha sabedoria sobre a vida e seus valores
de anunciar e denunciar através da música.

Parabéns, Pe. Zezinho, scj, e obrigada por uma vida compartilhada com o clero e
conosco, leigos e aprendizes. Que o bom Deus continue iluminando sua vida assim
como seu dom iluminou tantas outras!

Gratidão e afeto!

Cantores de Deus
Grupo musical idealizado por Pe. Zezinho, scj

FÉ SEMPRE SERENA E FORTE

Estar na companhia de Pe. Zezinho, scj, é sempre um aprendizado.
Com uma palavra, um gesto, ele nos ensina e nos orienta como deve ser e agir um
cristão coerente e consciente de seu compromisso com a Palavra e com o Reino.
Um sacerdote que está sempre em busca de novos conhecimentos,
e podemos desfrutar de todo esse novo aprendizado
através de suas canções e escritos.

Padre Zezinho, scj, louvamos a Deus pelo dom de sua vida
e por seu testemunho fiel. Que o senhor se mantenha na constante paz inquieta
e com uma fé sempre serena e forte. O amamos.

Fraternalmente e filialmente

Ir ao Povo
Grupo musical idealizado por Pe. Zezinho, scj

A JUVENTUDE E A ECOLOGIA NO CAMINHO DO REINO

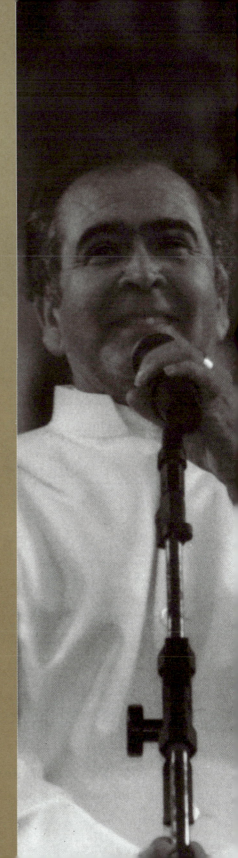

"A juventude é uma semente" e, como "Águia pequena", precisa aprender a voar, a ter "Coragem de sonhar", a fazer amigos, a amar e a buscar respostas para suas inúmeras perguntas. Motivar, promover e ajudar os jovens a serem protagonistas de um "novo mundo", defendendo os valores da vida, da natureza, faz parte da missão deste padre catequista. Mas essa missão é de todos nós adultos, pais, educadores e evangelizadores. Ajudemos nossos jovens a viver sadiamente este tempo, a realizar seus sonhos, a encontrar seu lugar e a fazer a diferença no mundo como jovens cristãos, que sabem cuidar do outro, cuidar da natureza. Jovem, o que o faz feliz? Você faz parte desta "Nova geração"?

1
MARÇO

Águia pequena

Tu me fizeste uma das tuas criaturas com ânsia de amar. Águia pequena que nasceu para as alturas com ânsia de voar. E eu percebi que as minhas penas já cresceram e que eu preciso abrir as asas e tentar. Se eu não tentar, não saberei como se voa. [...] Pequenas águias correm risco quando voam, mas devem se arriscar. Só que é preciso olhar os pais como eles voam e aperfeiçoar. Haja mau tempo, haja correntes traiçoeiras, se já tem asas seu destino é voar. [...] Dá-me esta graça de viver a todo instante a minha vocação. Eu quero amar um outro alguém do jeito certo, não vou trair meus ideais para ser feliz. Não vou descer nem jogar fora o meu projeto, vou ser quem sou e, sendo assim, serei feliz.

✚ Reflexão pessoal

A águia ensina os filhotes a voar
e com suas asas os pega quando estão caindo. Dt 32,11

Coragem de sonhar

2
MARÇO

Do alto dos teus quinze anos, contemplas este mundo com amor e tens uma pergunta engatilhada que a gente nunca sabe responder. E quando algum amigo, enfim, responde, às vezes não consegues entender. Do alto dos teus quinze anos, eu sei que às vezes gostas de sonhar e sonhas lindos sonhos de futuro. Que bom que tens coragem de sonhar! Do alto dos teus vinte anos, contemplas este mundo desigual e tens uma resposta engatilhada, se a gente por acaso perguntar. E quando alguém se arrisca e te pergunta, às vezes, tu começas a brigar. Do alto dos teus vinte anos, eu sei, às vezes, gostas de teimar e sonhas com um mundo diferente. Que bom que tens coragem de brigar, que bom que tens coragem de sonhar!

✙ Reflexão pessoal

Jovem, aproveite a sua mocidade
e seja feliz enquanto é moço. Ecl 11,9a

3 MARÇO

A juventude é uma semente

A juventude é uma semente que Deus na terra semeou. Tornou-se flor, tornou-se gente, e o mundo nunca mais parou. A vida é uma corda bamba ligando a terra com o céu. Quem nela não se equilibra, cai no picadeiro, errando seu papel. A vida é uma laranja azeda que o tempo vai adocicar, mas quem tem muita pressa dela acaba com a laranja e estraga o paladar. A vida é um tanque cheio que sente que precisa dar, não tendo quem receba dele; ele também se fecha e para de ganhar. A juventude é uma semente que Deus na terra semeou. Tornou-se flor, tornou-se gente e o mundo nunca mais parou.

✢ Reflexão pessoal

Somos obras de Deus,
criados em Cristo Jesus para as boas obras. Ef 2,10

Oremos pela Terra

4
MARÇO

Bilhões de anos ela tem, está cansada a velha mãe. Trilhões de vida já nos deu, trilhões de filhos já gerou, bilhões de homens e mulheres o seu seio alimentou. Fez tanto e tanto bem, e agora chora a velha mãe, que tantas vidas já criou. A ingratidão a derrotou; para ficar rico e ter dinheiro, o ser humano a espoliou. Pois, de tanto se doar sem receber cuidados, foi tanto o que sugaram, que ela enfraqueceu. A Terra está morrendo lentamente, o mundo enlouqueceu. Desmataram seu verde, sujaram seus rios, mancharam seus mares, tiraram-lhe o ar, explodiram seus ventres. Queimaram com fogo seu rosto bonito sem pestanejar. A Terra está morrendo lentamente... Oremos pela Terra!

✚ Reflexão pessoal

Pois criastes todas as coisas;
por tua vontade elas foram criadas e existem. Ap 4,11b

5 MARÇO

Jovens somos nós!

Jovens somos nós! Jovens com milhares de perguntas, jovens à procura de respostas, jovens à procura de algo mais. Não estamos satisfeitos com os rumos deste mundo, e é por isso que avançamos para as águas mais profundas. O que está bom deve ficar, o que não é tem que mudar. Jovens somos nós, jovem é a nossa voz. Não sabemos tudo, mas sabemos que podemos ajudar. Jovens somos nós! Jovens com milhares de perguntas, jovens à procura de respostas, jovens à procura de algo mais.

✚ Reflexão pessoal

_____
_____
_____
_____
_____
_____
_____
_____
_____
_____
_____
_____
_____
_____

A beleza dos jovens está na sua força. Pv 20,29a

Elegia pela terra ferida

6
MARÇO

Que foi que fizemos contigo, ó mãe terra! Secamos as tuas fontes, sujamos os teus riachos. Cortamos as tuas árvores, exterminamos os teus animais. Poluímos os teus ares, conspurcamos os teus mares. Depredamos tuas entranhas e te ferimos da cabeça aos pés. [...] Planeta Terra, quanto tempo aguentarás!? Que o Senhor, dono da vida, toque a mente dessa gente que te mata lentamente. Que não tem nenhum respeito, que não sabe conviver. Que o Senhor, dono da vida, nos eduque todo dia para viver em harmonia com o verde e com as águas; é assim que tem que ser. Planeta Terra, quem te mata e te tortura, quem te fere é pecador. Quem te mata e te tortura não respeita o criador!

✚ Reflexão pessoal

Deus os encheu de sabedoria e inteligência
e lhe mostrou o bem e o mal. Eclo 17,7

7 MARÇO

É muito jovem minha oração

É muito jovem minha oração, talvez não tenha maturidade, mas tem a verdade do meu coração, do meu coração de jovem cristão. Eu fiz da esperança o meu rumo certo, cheguei muito perto de onde eu sonhei. Caí muitas vezes, não posso mentir, mas posso dizer que as quedas que eu tive não foram derrotas; eu caí quando estive a subir. Eu fiz da verdade meu porto e destino, e desde menino lutei para ser eu. Errei muitas vezes, não posso negar, mas posso dizer, tranquilo e seguro, plantei meu futuro, vou colher meu pedaço de céu. É muito jovem minha oração, talvez não tenha maturidade, mas tem a verdade do meu coração, do meu coração de jovem cristão.

✠ Reflexão pessoal

Vossos filhos e vossas filhas profetizarão. At 2,17b

Placas e sinais

8
MARÇO

Por esta estrada repleta de placas e sinais, vou caminhando tranquilo por onde a estrada vai. Sei que elas levam para o céu, mas estradas não; estradas não levam ninguém. Se a gente não for, a estrada não leva. Estrada se torna um caminho, se a gente vai. Igreja se torna um caminho, se a gente vai. Jesus é verdade, é caminho que leva ao Pai. Mas não chegará quem não sai de si mesmo e com ele não vai. Quem fica parado e não anda, não chegará. Sonhar é bonito, mas, sem caminhar, não dá. Jesus é a vida, é o caminho que leva ao Pai, mas não chegará quem não sai de si mesmo e com ele não vai.

✠ Reflexão pessoal

_____

_____

_____

_____

_____

_____

_____

_____

_____

_____

_____

_____

_____

_____

Sou eu o caminho, a verdade e a vida.
Ninguém vai ao Pai senão por mim. Jo 14,6

9
MARÇO

Cantiga de verão

Lá na torre da matriz, posso ver um casal feliz, andorinhas a me dizer, que logo, logo será verão. Na ladeira da matriz, vem um bando ainda mais feliz: são os jovens a nos dizer que vem aí nova estação. Abençoai as andorinhas, que chegam juntas para veranear! Abençoai nossos adolescentes, que chegam em bando fazendo folia! Abençoai namorados e amigos, que brincam na praça e na porta da matriz! Que amem a vida e que sejam felizes, e mudem os rumos do meu país. Na avenida principal, tem barulho de carnaval. São os jovens a se encontrar e a leiloar seus corações. O barulho é infernal, mas o jeito é celestial; são jovens a nos lembrar de que o coração tem as soluções.

✚ Reflexão pessoal

Que a sua felicidade esteja no Senhor!
Ele lhe dará o que o seu coração deseja. Sl 37,4

Saudação de amigo

10
MARÇO

Quero ser o teu amigo nem de mais nem de menos. Nem tão longe, nem tão perto, na medida mais precisa que eu puder. Mas amar-te sem medida e ficar na tua vida da maneira mais amiga, da maneira mais discreta que eu souber. Sem tirar-te a liberdade, sem jamais te sufocar. Sem forçar tua vontade, sem jamais te aprisionar. E saber quando falar e saber quando calar; nem ausente nem presente demais. Fraternalmente ser amigo e dar-te a paz. A paz que o mundo não dá, a paz de Jesus.

✿ Reflexão pessoal

O amigo ama sempre
e na desgraça ele se torna um irmão. Pv 17,17

11 MARÇO

Em prol da vida

Diante de ti ponho a vida e ponho a morte, mas tens que saber escolher. Se escolhes matar, também morrerás. Se deixas viver, também viverás; então, viva e deixe viver! Não mais estes rios poluídos, não mais este lixo nuclear. Não mais o veneno que se joga no campo, nos rios e no ar. Não mais estas mortes sem sentido, não poluíras e não matarás. A terra é pequena e limitada; se a terra morrer, também morrerás. Não mais a tortura nem a guerra. Não mais violência nem rancor. Não mais o veneno que se joga na mente do povo sofredor. Não mais este medo sem sentido, não destruirás nem oprimirás. A vida é pequena e entrelaçada; se o homem morrer, também morrerás.

✚ Reflexão pessoal

Escolham a vida para que vocês e os seus descendentes vivam muitos anos. Dt 30,19

Os jovens responderão

12
MARÇO

A juventude do povo do Senhor saberá viver o seu amor, viverá a sua vocação. Os caminhos do Senhor são puros e queremos os caminhos dele. A verdade do Senhor é pura e queremos a verdade dele. A justiça do Senhor é justa e queremos a justiça dele. A vontade do Senhor é santa e queremos a vontade dele. A certeza do Senhor é certa e queremos a certeza dele. A pureza do Senhor é pura e queremos a pureza dele. A juventude do povo do Senhor saberá viver o seu amor, viverá a sua vocação.

✚ Reflexão pessoal

... os jovens se encontrarão com o Senhor
nos montes sagrados. Sl 110,3c

13 MARÇO

Maioridade

Tu não podes ver o filme, tu não podes ler o livro, tu não tens dezoito anos. Tu não levas este disco, não foi feito para rapaz. Este *show* é proibido, vai tirar a tua paz. Proibido para menor, poderás ver tais sujeiras quando fores maior. Tu não deves dar palpites e não sejas tão teimoso; tu não tens dezoito anos. Não amoles, não insistas. Já falei, falado está. Tu não tens capacidade, com dezoito entenderás. Proibido para menor, poderás abrir a boca quando fores maior. Tu já podes ver o filme, tu já podes ler o livro, tu já tens dezoito anos. E também ouvir o disco, ver o *show* de crueldade. Nada mais é proibido para quem tem maioridade. Eras muito mais decente quando eras menor.

✚ Reflexão pessoal

Como um jovem tornará puro o seu caminho?
Guardando tuas palavras. Sl 119,9

Cantiga triste de pastoreio

14
MARÇO

Tu plantaste a juventude no canteiro do Senhor, não pensaste na inquietude dos irmãos mais novos do Senhor. Foste embora semeando e plantando ao teu redor; juventude foi murchando, esperando algumas gotas de amor. Ao voltar esperançoso para o canteiro do Senhor, viste um quadro doloroso, o canteiro sem nenhuma flor; com mil lágrimas sentidas, foste então recomeçar. [...] A quem serve o mundo jovem um recado eu quero dar: as palavras não resolvem, gente jovem quer amor. Não prossigas semeando, se não voltas para regar; juventude vai mirrando quando a gente não tem tempo de amar. [...] Recomeça com ternura o trabalho de regar. Um jovem custa muito pouco, um pouco de muito amor.

✙ Reflexão pessoal

_____
_____
_____
_____
_____
_____
_____
_____
_____
_____
_____
_____
_____

Até os jovens se cansam,
e os moços tropeçam e caem. Is 40,30

15 MARÇO

A criação e o criador

Quem mata um ser humano, descria. Quem destrói uma floresta, descria. Quem seca uma fonte ou suja um rio, descria. É essa a triste história do ser humano que, em muitos casos, se revela um cooperador da criação e, em outros, é um "descriador". Deus faz e ele desfaz! Para a Igreja, a depender da gravidade do ato, é um pecado de rebeldia contra Deus. Uma coisa é colher uma flor e jogá-la fora: não é crime, mas já é um ato imaturo. Outra é tirar uma vida ou secar uma fonte: é crime contra Deus, contra o ser humano de agora e do futuro! Não nos enganemos. Somos responsáveis pela criação, Deus nos deu essa responsabilidade.

✜ Reflexão pessoal

Viram as coisas que ele criou,
mas não reconheceram o criador. Sb 13,1c

No trem da vida

16
MARÇO

No trem da vida meio errada, que vai por trilhos que é preciso até refazer. Dormentes que já não seguram mais nada; assim viaja a humanidade infeliz. É livre, mas não sabe nem bem para quê! Faz tudo, mas não faz direito o que faz. E pensa que fazer aquilo que quer é ser livre. Convém que alguém, um dia, grite para o mundo sem paz: não adiantou fazer tudo aquilo que você sonhou, fazer tudo aquilo que você bem quis, se quando alcançou você não foi feliz. Não fez o querer nem fez o dever; achou que ser livre é fazer o que se quer, mas não é. Eis nossa fé! Quem não descobre os limites do ser, vive para ter, mas não sabe viver.

✚ Reflexão pessoal

Fuja dos desejos da mocidade;
segue a justiça, a fé, o amor e a paz... 2Tm 2,22a

17
MARÇO

Indagação

Se tu não fazes perguntas, como pretendes saber? Por que é que nasce uma nova estação e a primavera se torna verão? Por que o outono precede o inverno? Como é que pode saber essas coisas, se conservastes essas mãos sempre juntas e, alienado, não fazes perguntas? Se tu não fazes perguntas, como pretendes saber? Onde começam, para onde é que vão essas torrentes que sugam o chão? Por que uma nuvem procura outra nuvem? Por que murcharam as flores que havia e, após as flores, um fruto nascia? Por que precisa morrer a semente? Por que é preciso saber que se vem? Por que é preciso saber que se vai? Por que se parte buscando as origens? Por que se volta buscando o futuro?

✤ Reflexão pessoal

*Meu filho, procure o conhecimento
enquanto você ainda é moço. Eclo 6,18a*

A menina foi embora

18
MARÇO

A menina foi embora sem dizer para onde foi. Sua mãe agora chora sem saber onde ela está; já não come, já nem dorme de tristeza, aquela mãe. E há um pai silencioso que não sabe o que fará. [...] Foi a tal de internet e a tal de rede social que chegou pelas antenas e a menina se enfeitiçou. Os amigos entenderam, mas para ela foi fatal. [...]. Conversava com estranhos qual se fossem da família; descuidada e atirada, em uma rede ela caiu. Sabe Deus o que foi feito da menina que partiu! Já são vinte e cinco meses, ninguém sabe, ninguém viu. [...] Essas coisas de internet ninguém sabe o seu final. Sabe Deus o que foi feito da menina que pensou que lá longe encontraria o que em família não achou!

✚ Reflexão pessoal

Veja bem como vão as coisas
e afaste-se do mal. Eclo 4,20

19 MARÇO

Juventude agora

Estes cabelos compridos e esta febre de mudar as coisas. Este jeitão atrevido de quem não gostou do que viu. Estas calças desbotadas e este jeito descontraído. Muitas vezes me fazem ver que os jovens de hoje em dia são perguntas de esperança. Profetas de um novo Reino que é preciso anunciar. Profetas de um novo Reino que Jesus veio pregar. Este sorriso bonito e este jeito de chorar sorrindo. Esta procura infinita de quem só conhece o porquê. Esta fome de ser gente e este jeito tão diferente muitas vezes me fazem crer. Sempre que passo e que vejo esta gente jovem na calçada, vejo o eterno desejo de paz e de renovação. Cada jovem do meu tempo é resumo da humanidade que esqueceu sua lição.

✤ Reflexão pessoal

Eu vos escrevi, jovens, porque sois fortes,
e a Palavra de Deus permanece em vós... 1Jo 2,14b

Águas eternas

20
MARÇO

Foi nas águas eternas que eu renasci; foi a luta pela vida que me trouxe aqui. Quem não tem amor à vida, mata a vida por matar. Eu, porém, sou batizado e nunca mais vou me calar. Todos os dias eles matam nossos rios e envenenam nosso mar. Todos os dias poluem as nascentes e queimam as florestas, dão morte aos animais. Mas eu sou batizado e não vou mais ficar calado. Todos os dias matam nossas esperanças e passam droga de matar. Todos os dias eles pisam nas crianças, não ligam para os idosos, sequestram nossa paz. Todos os dias na TV tem violência, envenenam nosso lar; fazem troça da inocência, não ligam para decência, para o verdadeiro amor. Mas eu sou batizado e não vou mais ficar calado.

✚ Reflexão pessoal

*Quem não nascer da água e do Espírito,
não poderá entrar no Reino de Deus. Jo 3,5*

21 MARÇO

Namorados

Dois anjos da guarda lá no céu bateram palmas quando aqui na terra dois olhares se cruzaram. Que bonito foi aquele amor! Um milhão de anjos fez seresta lá no céu, quando aquele amor virou certeza. Ai que bonito quando a juventude se apaixona! E mais bonito quando ela acredita que foi Deus quem fez. É Deus quem faz o sol brilhar, é Deus quem faz a flor nascer. É Deus quem faz um grande amor acontecer. Ai, ciranda, cirandinha, vamos todos namorar. Vamos dar a meia-volta, volta e meia vamos dar. Ai, ciranda, cirandinha, vamos todos namorar. Que o anel não é de vidro e nunca mais vai se quebrar. E este mundo mais bonito vai ficar.

✤ Reflexão pessoal

O meu querido é meu, e eu sou dele. Ct 2,16

Glória pelas águas

22 MARÇO

Glória a Deus que fez a água, paz a quem a conservou. Glória a Deus que fez a Terra, paz a quem colaborou. Glória a Deus que fez a mata, paz a quem não a queimou. Glória a Deus que fez o rio, paz a quem não o secou. Glória a Deus pelo riacho, paz a quem não o sujou. Glória a Deus pela nascente, paz a quem a preservou. Glória a Deus pela irmã chuva, paz a quem a estocou. Glória a Deus que rege a vida, paz a quem não a matou. Que a paz seja o prêmio a quem respeitou os dons que vieram de Deus. Bendita a nação que não desperdiçou, respeitou as águas que Deus lhe deu.

✚ Reflexão pessoal

A terra e o que a plenifica são do Senhor,
o mundo e os que nele moram. Sl 24,1

23 MARÇO

Em verso e em canção

Sei muito pouco sobre a vida e até confesso que eu não sei dizer falando. Mas, se você me der um violão, então eu canto em verso e em canção. Quem falou que esta vida não vale, não viu o que a vida tentou lhe mostrar. O horizonte tem mais horizonte para ver. O oceano tem mais oceano para lá do oceano. A montanha tem outra montanha para lá da montanha. [...] Quem falou que o futuro não vem, não viu o que o tempo tentou lhe mostrar. A esperança tem mais esperança a esperar. A certeza tem outra certeza. A verdade tem outra verdade mostrando a verdade. [...] O abraço tem mais um abraço a esperar. O carinho tem mais um carinho guardado no peito. E há um beijo que pede outro beijo, se a gente se ama [...].

✚ Reflexão pessoal

Louvai a Deus por sua imensa grandeza. Sl 150,2

Elegia pela Amazônia

24
MARÇO

Águas que o Senhor criou e pôs aqui no meu planeta. Chuva e neblina, mares e rios, águas imensas, louvai o Senhor! Verde que o Senhor criou depois de ter criado as águas. Grandes florestas, vida aos borbotões do vosso jeito, louvai o Senhor! Salve a floresta, salve-se o futuro, salve qualquer água. Salve a vida e quem dela depende ou dependerá. Amazônia, Amazônia é proibido queimar.

✚ Reflexão pessoal

Do céu tu envias chuvas para os montes,
e a terra fica cheia das tuas bênçãos. Sl 104,13

25 MARÇO

O Filho Pródigo

Filosofia não me deu felicidade, explicação não explicou o que eu te fiz. Eu tinha tudo ao meu redor, saúde, paz e tanto amor, e mesmo assim não soube ser feliz. Eu me afastei porque eu pensei ser meu direito, usar daquilo que era meu como escolhi. Eu tinha tudo ao meu redor e Deus me dava o seu amor, e, mesmo assim, meu Deus eu não ouvi. Imaginei saber de tudo e fui descrente. Contra meu Deus ouvi falar e me calei. Não, eu não fui um bom cristão, pois fiz ao mundo concessão [...]. Igual ao filho que partiu naquela história, felicidade longe dele eu não achei. Filosofia não me deu aquela paz que vem de Deus. Ao meu Senhor, agora, eu voltarei. Minha casa é a casa do Senhor.

✚ Reflexão pessoal

Então saiu dali e voltou para a casa do pai. Lc 15,20

Detalhes de mim

26
MARÇO

Sonda o meu ser, conhece os detalhes de mim. Meu Deus é assim: se eu me esconder, meu Deus saberá onde estou, conhece o meu ser. Por isso é que eu peço ao bom Deus: ajuda este meu coração a ser mais fraterno e fiel. Sonda o meu ser, sabes quem sou. Sabes que eu quero ser teu. Sabes tudo de mim, detalhes de mim. És meu criador e estás comigo do começo ao fim. Sonda o meu ser, conhece os detalhes de mim. Meu Deus é assim: se eu me esconder, meu Deus saberá onde estou, conhece o meu ser.

♣ Reflexão pessoal

Ó Senhor, tu me sondas e me conheces. Sl 139,1

27 MARÇO

Uma luz nos teus olhos

Uma luz nos teus olhos dizia e a ternura da voz traduzia sentimentos de educador. Paz você já tem! Bom você já é! Só lhe falta abraçar a pobreza, dar aos pobres os bens que ajuntou! Se quiser ser um bom missionário, se quiser dar os passos que eu dou. Houve pesar nos teus olhos, quando o rapaz disse: "Não, não posso ir". Tinha dinheiro demais, não foi possível prosseguir. Tinha dinheiro demais, não foi possível prosseguir. Uma luz nos teus olhos dizia e a ternura da voz traduzia sentimentos de educador.

✤ **Reflexão pessoal**

Tendo ouvido isso, o jovem foi embora entristecido,
pois tinha muitos bens. Mt 19,22

O clamor da natureza

28
MARÇO

Em cada árvore que mata, em cada rio que polui, em cada metro do céu que suja, o ser humano morre junto. Sua qualidade de vida diminui. Também se vive menos quando não se sabe conviver com as águas e as matas. Cada floresta derrubada é um passo mortal a mais; é como serrar o galho no qual se está sentado. Não raro, porém, sucede que o tronco em agonia sobrevive ao madeireiro que o serrou. Pelo que fez e desfez, e por sua capacidade de interferir na Criação, o ser humano foi, é e será sempre fora do comum. Como ele não há nenhum outro ser com tamanho potencial para construir e destruir.

✚ Reflexão pessoal

Deus, tu conheces minha ignorância;
minhas culpas não te ficaram escondidas. Sl 69,6

29 MARÇO

Hei, amigo!

Pela amizade que você me vota, por meus defeitos que você nem nota. Por meus valores que você aumenta, por minha paz que você alimenta. Por esta fé que nós nos transmitimos, por este pão de amor que repartimos. Pelo silêncio que diz quase tudo, por este olhar que me reprova mudo. Por esta mão que diz para eu seguir em frente. [...] Pela presença em todos os momentos, por ficar feliz quando me vê contente. Por rir comigo quando estou risonho e ficar triste quando estou tristonho. Por repreender-me quando estou errado, por meu segredo sempre bem guardado. Por seu segredo que só eu conheço e por achar que apenas eu mereço. Hei amigo, hei meu irmão, aceita a minha gratidão.

Reflexão pessoal

*Um verdadeiro amigo
é mais chegado do que um irmão. Pv 18,24b*

Me fez feliz

30
MARÇO

Me fez feliz, me faz feliz, me fez feliz, o Senhor me fez feliz! Bom é ver a luz, muito bom é caminhar. Bom é se alegrar e conviver e fazer festa. Ter catorze anos, ter dezoito anos, vinte e cinco anos, viver a alegria de viver! Sei que o tempo passa, mas, enquanto não passar, vai levando coração! Vai sonhando coração! Eu me sinto vivo! Vivo para louvar o meu Senhor! Não esquecerei os conselhos de meu pai; bom é se alegrar e conviver e fazer festa. Mas o tempo passa, tudo vai embora, e eu só tenho agora, agora é minha vez de ser quem sou. Juventude passa, mas, enquanto não passar, vai levando coração! Vai sonhando coração! Eu me sinto vivo! Vivo para louvar o meu Senhor!

Reflexão pessoal

*Meu filho, escute o que o seu pai ensina
e preste atenção no que a sua mãe diz. Pv 1,8*

31 MARÇO

Nova geração

Eu venho do sul e do norte, do oeste e do leste, de todo lugar. [...] Assunto de paz é meu forte, eu cruzo montanhas, mas vou aprender. O mundo não me satisfaz, o que eu quero é a paz, o que eu quero é viver. No peito eu levo uma cruz, no meu coração, o que disse Jesus. Eu sei que eu não tenho a idade da maturidade de quem já viveu. Mas sei que eu já tenho a idade de ver a verdade, o que eu quero é ser eu. [...] Eu venho trazer meu recado, não tenho passado, mas sei entender. Um jovem foi crucificado por ter ensinado a gente a viver. E eu grito ao meu mundo descrente que eu quero ser gente, que eu creio na cruz, eu creio na força do jovem que segue o caminho do Cristo Jesus.

✝ Reflexão pessoal

Se alguém está em Cristo
é uma nova criatura. 2Cor 5,17a

ABRIL

UM CAMINHO DE LUZ

Pe. Zezinho recebeu de Deus, com o dom do sacerdócio, a missão de proclamar suas maravilhas por meio das mais variadas formas de comunicação.
Para isso, ele o enriqueceu de talentos e o fez poeta, para que, em versos, pudesse profetizar e falar do amor de Deus para seu povo.
Uma história rica de fé, de sonhos e de esperança permeia sua existência, a qual vive com determinação, coragem e audácia profética. É um caminho de luz percorrido com amor, traduzido em prosa, versos, poemas e canções, a serviço da evangelização.
Uma missão evangelizadora, em um novo estilo, capaz de atingir os mais variados grupos de pessoas, de maneira agradável e convincente.
Seu novo estilo de comunicar a Verdade chegou a todos os recantos do Brasil e ultrapassou suas fronteiras, plantando no coração do povo a Semente do Verbo, que certamente deu e dará o seu fruto em abundância.
Pe. Zezinho, 80 anos de vida e cinquenta e 55 de sacerdócio, marca agora o relógio da vida, assinalando mais uma etapa de sua caminhada, cantando a fé. No agora de sua vida, que Maria, a Estrela da Evangelização, seja um farol de luz a iluminar a sua caminhada evangelizadora com as novas mídias da cultura digital.
Com reconhecimento e gratidão, os votos para que seus anos continuem fecundos na vocação e na missão que Deus lhe confiou.

Irmã Maria Nogueira, fsp
_Irmã Paulina que foi ao encontro do Pe. Zezinho, scj, e o convidou
para gravar suas primeiras canções com a Gravadora Paulinas-Comep_

IRMÃO E AMIGO FIEL DE MISSÃO

Há mais de 50 anos, Paulinas e Pe. Zezinho, scj, percorrem juntos a estrada da evangelização. É quase impossível fazer memória de tudo o que aconteceu e se viveu ao longo desse caminho... Incontáveis encontros e alguns desencontros. O diálogo maduro sempre venceu as teimosias de ambos os lados, e tivemos provavelmente mais perguntas do que respostas, mais dúvidas do que certezas, alguns fracassos e também incalculáveis conquistas e realizações... Mas uma coisa é certa: nós, Paulinas, somos testemunhas de que seu olhar e seu coração, Pe. Zezinho, sempre se mantiveram firmes e fixos na grande meta... Nada jamais o desviou do caminho do Reino... Nem o sucesso, nem a fama, nem o dinheiro. A estrada percorrida nestes 80 anos foi sempre marcada pela fidelidade e por uma busca incansável e obstinada de viver essa paz inquieta, característica de quem sempre soube aonde queria chegar, mantendo-se profeticamente posicionado por causa de um certo Reino.
Obrigada, Pe. Zezinho, porque aprendemos juntos que o serviço ao Reino requer, acima de competência humana, um coração aberto e disponível à graça de Deus. Como você diz: "Não basta orar e falar bonito. Há que se viver em busca do melhor e da vontade de Deus, mesmo na dor".

Ir. Eliane Deprá, fsp
Diretora da Gravadora Paulinas-Comep

A ORAÇÃO NO CAMINHO DO REINO

A oração ajuda o cristão a ser "Sereno e forte", a amar, a acreditar na graça de Deus e a se deixar guiar por ela. Estar "Em sintonia com Deus", orar com Jesus, invocar seu nome... louvar, agradecer, suplicar... "Orar costuma fazer bem", pois o povo que ora não se cansa; pensa em Deus, espera em Deus e clama "Em nome de Jesus". Muitas das canções do Pe. Zezinho, scj, falam do valor e da importância da oração na vida do cristão, e muitas outras são verdadeiras orações... Reze, cante, diga o seu "Alô, meu Deus"...

1 ABRIL

Orar costuma fazer bem

Orar costuma fazer bem; o coração de quem se entrega à oração tem mil histórias para contar. Orar costuma fazer bem; o coração de quem conversa com o céu tem tanta coisa para dizer! Quando alguém se ajoelha, invocando a grande luz. Quando o povo olha para o alto, onde crê que está Jesus. Uma força diferente, e é do céu que a força vem, toma conta dessa gente, o infinito ela contém. Não importa se não vem como esperava. Orar costuma fazer bem.

✚ Reflexão pessoal

Entra no quarto mais retirado
e reza a teu Pai. Mt 6,6b

Em sintonia

2 ABRIL

Meu espírito está, meu espírito está em sintonia com meu Deus. Meu espírito está, meu espírito está em sintonia com o Pai. O Espírito de Deus fez moradia no meu coração. Sua paz me envolveu e de alegria fiz esta canção. Meu espírito está, meu espírito está em sintonia com meu Deus. Meu espírito está, meu espírito está em sintonia com o Pai. No Espírito de Deus eu repousei, fazendo o que ele diz. E meu Deus me respondeu e deu-me a paz que me faz ser feliz. Meu espírito está, meu espírito está em sintonia com meu Deus. Meu espírito está, meu espírito está em sintonia com o Pai.

✛ Reflexão pessoal

Aquele que sonda os corações sabe quais são as aspirações do Espírito. Rm 8,27

3 ABRIL

Oração de quem não reza

Não sou de rezar muito e bem o sabes. E a minha oração é tão pequena, tão frágil, que eu nem sei se chega lá ao céu. Eu sei que és meu amigo e não duvido, mas tem um não sei quê dentro de mim que faz eu ser assim: um pouco amigo teu e um pouco ateu, um pouco publicano e um pouco fariseu. Tu falas mais comigo do que eu falo contigo; no teu silêncio imenso falas muito mais que eu. E eu que falo tanto a tanta gente e tanta coisa, falar eu sei, rezar é que eu não sei. Por isso, meu Senhor, se tens aí algum milagre para me dar, ensina-me a fazer silêncio, ensina-me a querer rezar.

✚ Reflexão pessoal

Pedi e vos será dado,
buscai e achareis. Mt 7,7

Onde houver dois ou três cristãos

4
ABRIL

Onde houver dois ou três cristãos, reunidos em oração, vai haver uma outra pessoa e essa pessoa mora no céu. É Jesus, é Jesus essa outra pessoa, quando dois ou três cristãos estiverem unidos em oração. Onde houver dois ou três cristãos, reunidos em oração, vai haver uma outra pessoa e essa pessoa vive entre nós. É Jesus, é Jesus essa outra pessoa, quando dois ou três cristãos estiverem unidos na mesa do pão. Onde houver dois ou três cristãos, reunidos em oração, vai haver uma outra pessoa e essa pessoa é nosso irmão. É Jesus, é Jesus, é Jesus! É Jesus essa outra pessoa, quando dois ou três cristãos estiverem buscando maior comunhão.

✣ Reflexão pessoal

Onde dois ou três estiverem reunidos em meu nome,
ali estou. Mt 18,20

5 ABRIL

Prece ao cair da tarde

Eu não louvei porque louvar eu não sabia. Quando eu orei, falei demais e não te ouvi. Quando eu orava, eu não louvava, eu só pedia, mas tu me deste muito mais do que eu pedi. Eu creio em ti, mas reconheço meu defeito: não sei orar, só sei pedir, não sei te amar. Mas tu me ouves, não importa de que jeito. Só sei que um dia eu sei que vou saber louvar. Prece bonita a de quem ora sem alarde. Leva mais tempo a contemplar do que a dizer. Vai ser assim a minha prece desta tarde. Já são seis horas e eu te quero agradecer pelos meus dias que depressa vão passando. Por mais um dia que eu passei plantando amor. Por essa noite que depressa vai chegando, estou louvando meu Senhor.

✚ Reflexão pessoal

Ó minha alma, louva o Senhor. Sl 148,1

Pecador eu sou

6
ABRIL

Pecador eu fui, pecador eu sou. Pecador serei se não deixar que Deus me toque. Só me salvarei se Deus, nosso Senhor, for me convertendo, até mudar o meu enfoque. Quando as coisas dele ficam para depois, quando as minhas coisas valem muito mais, é sinal de crise a separar nós dois. Deus fica em segundo e eu fico sem paz. Pecador eu fui, pecador eu sou. Pecador serei se não deixar que Deus me toque. Só me salvarei se Deus, nosso Senhor, for me convertendo, até mudar o meu enfoque.

✚ **Reflexão pessoal**

_____
_____
_____
_____
_____
_____
_____
_____
_____
_____
_____
_____
_____
_____
_____

Deus, tem piedade de mim, que sou pecador! Lc 18,13c

7 ABRIL

Deus conseguirá

E quando se acabarem as palavras e quando não deu certo o que era humano, e quando se esgotarem os recursos e já não adiantar nenhum discurso, e quando eu tiver feito o que é possível e quando fazer mais for impossível, então descansarei bem mais tranquilo, então meu coração se lembrará: confia no Senhor, confia no Senhor! Procura o ombro dele que ele é Pai. Confia no Senhor, confia no Senhor. Se não conseguiste, Deus conseguirá.

♣ Reflexão pessoal

Vosso Pai sabe o que necessitais. Mt 6,8

Em oração aqui me vês

8
ABRIL

Em oração, em oração aqui me vês mais uma vez. Não vim pedir nem suplicar. A minha prece, Jesus, é prece de gratidão. Deste mais do que eu pedi, muito mais do que eu sonhei. Graça sobre graça tu me deste e agora é minha vez de orar por quem precisa mais, porque me deste a paz. Em oração aqui me vês mais uma vez. Não vim pedir nem suplicar. A minha prece, Jesus, é prece de gratidão. Deste mais do que eu pedi, muito mais do que eu sonhei. Graça sobre graça tu me deste!

❖ Reflexão pessoal

_____
_____
_____
_____
_____
_____
_____
_____
_____
_____
_____
_____
_____
_____

Agradecei ao Senhor, porque é bom. Sl 118,1

9 ABRIL

Foi em nome de Jesus

Foi em nome de Jesus, foi naquele santo nome. Foi em nome de Jesus que ousei falar com Deus do jeito que eu falei. De joelho eu rezei ao ouvir aquele nome. De joelho eu rezei e ousei falar com Deus do jeito que eu falei. Eu disse a Deus que eu precisava de uma luz, em nome de Jesus. Eu disse a Deus que era pesada a minha cruz, em nome de Jesus. E Deus me ouviu, em nome de Jesus! E Deus me ouviu, em nome de Jesus. Em nome de Jesus eu vi a luz. Em nome de Jesus eu tive força para levar a minha cruz. Em nome de Jesus!

✚ Reflexão pessoal

Se pedirdes algo em meu nome, eu o farei. Jo 13,14

Alô, meu Deus

10 ABRIL

Alô, meu Deus! Fazia tanto tempo que eu não mais te procurava. Alô, meu Deus! Senti saudades tuas e acabei voltando aqui. Andei por mil caminhos e, como as andorinhas, eu vim fazer meu ninho em tua casa e repousar. Embora eu me afastasse e andasse desligado, meu coração cansado resolveu voltar. Eu não me acostumei nas terras onde andei. Alô, meu Deus! Fazia tanto tempo que eu não mais te procurava. Alô, meu Deus! Senti saudades tuas e acabei voltando aqui. Gastei a minha herança comprando só matéria, restou-me a esperança de outra vez te encontrar. Voltei arrependido, meu coração ferido, e volto convencido de que este é o meu lugar. Eu não me acostumei nas terras onde andei.

✚ Reflexão pessoal

Eu me levantarei, irei para o meu Pai. Lc 15,18

11 ABRIL

Amar e rezar

Se eu soubesse achar um tempo a cada hora, um minuto, dois ou três para o meu Senhor. Se eu gostasse de ouvir-te e falar-te, ó meu Deus, eu seria melhor do que sou! Pedir como quem sabe que tu podes! Orar como quem sabe que tu ouves nossa voz! Que alguém se interessa por nós e esse alguém tem poder. Esse alguém tem poder! Quem te ama te arranja um momento! Pedir como quem sabe que tu podes! Orar como quem sabe que tu ouves nossa voz! Que alguém se interessa por nós e esse alguém tem poder. Esse alguém tem poder. Quem te ama te arranja um momento!

✤ Reflexão pessoal

Jesus foi à montanha para orar. Lc 5,12

Oremos por um mundo melhor

12 ABRIL

Ajoelhemo-nos diante de Deus e falemos com ele a respeito do ser humano. Falemos sobre o traficante de escravos e o traficante de drogas. Eles sabem que estão matando [...]. Oremos pelas mulheres e homens que se expõem em *outdoors*, filmes, novelas e revistas. Não é nudez pura [...]. Oremos pelo ser humano, pela terra, pelas igrejas, pela democracia, pelos pobres, pelos doentes, pelos adolescentes, pelos jovens, pelos ricos, pelos cientistas, pelos violentos, pelos médicos, pelos comunicadores, pelos sacerdotes, pelos artistas. Oremos por todas as pessoas que se dedicam à promoção do bem, da saúde, da natureza, bem como por todos os que evangelizam e levam a paz e o amor de Deus a toda humanidade.

✚ Reflexão pessoal

Façam preces, orações, intercessões e ações de graças em favor de todos. 1Tm 2,1

13 ABRIL

Estou pensando em Deus

Estou pensando em Deus, estou pensando no amor. Os homens fogem do amor e, depois que se esvaziam, no vazio se angustiam e duvidam de você. Você chega perto deles, mesmo assim ninguém tem fé. Eu me angustio quando vejo que, depois de dois mil anos, entre tantos desenganos, poucos vivem sua fé. Muitos falam de esperança, mas esquecem de você. Tudo podia ser melhor se meu povo procurasse, nos caminhos onde andasse, pensar mais no seu Senhor. Mas você fica esquecido e, por isso, falta o amor. Tudo seria bem melhor se o Natal não fosse um dia, e se as mães fossem Maria, e se os pais fossem José. E se a gente parecesse com Jesus de Nazaré. Estou pensando em Deus. Estou pensando no amor.

✚ Reflexão pessoal

Feliz o homem que teme o Senhor. Sl 112,1

Graça poderosa

14 ABRIL

Foi a graça de Deus que, ao tocar meu coração, pôs nele um brilho especial, pôs uma luz e uma paz especial. Poderosa é a graça de Deus, indescritível: o que foi trevas agora é luz. Foi a graça de Deus que me fez quem agora eu sou. Me fez feliz, me fez amar, me ensinou a perdoar; me ensinou a confiar e a ser mais filho. Poderosa é a graça de Deus inenarrável: o indiferente agora tem fé. Foi a graça de Deus que deu rumo e direção ao meu inquieto coração. E me ensinou a navegar e me ensinou a enfrentar a tempestade. Poderosa é a graça de Deus inesquecível: nunca me esqueço do que ele me fez.

✠ Reflexão pessoal

*Mas, por graça de Deus,
sou o que sou. 1Cor 15,10*

15 ABRIL

Sereno e forte

É quando a minha fé balança e aquilo que eu achava certo eu já não acho mais. É quando o coração se cansa e perde o pique da esperança e conduz a paz. É quando crer em Deus fica difícil demais e o mundo nos crucifica porque temos fé. Nessas horas eu digo e direi, digo e direi: sei em quem acreditei. É quando o coração vacila e aquilo que eu queria tanto eu já não quero mais. É quando o sentimento oscila e, como que em um desencanto, já não crê na paz. É quando fazer o bem fica difícil demais e a gente até se arrepende do bem que já fez. Nessas horas eu digo e direi, digo e direi: sei em quem acreditei! Nessas horas eu digo e direi, digo e direi: sei em quem acreditei.

♣ Reflexão pessoal

Eu sei em quem tenho acreditado. 2Tm 1,12

Oração da noite

16
ABRIL

Mais outro dia findou; eu venho te ver para conversar. Mais outra noite chegou; eu venho agradecer antes de repousar. Andei o dia inteiro procurando o meu irmão; eu quis ser instrumento do teu amor, do teu perdão. Muito obrigado, Senhor, pelo amor que eu ensinei, pelo amor que eu recebi! Muito obrigado, Senhor, pela dor que suavizei, por sorrisos que sorri! Sou peregrino do amor e venho agradecer o dia que vivi. Houve tristeza, Senhor, mas eu não quis sofrer, pois caminhei em ti. Andei o dia inteiro procurando o meu irmão, eu quis ser instrumento do teu amor, do teu perdão. Mais outro dia findou; eu venho te ver para conversar. Mais outra noite chegou; eu venho agradecer antes de repousar.

♣ Reflexão pessoal

Quero louvar o Senhor com minha vida. Sl 146,2

17 ABRIL

Povo que ora

O povo de Deus de agora, quando ora, tem um jeito especial. Ora para pedir ajuda, ora para se arrepender. Ora para cantar louvores e para agradecer. Ora para aceitar as cruzes, ora para interceder. Ora para pedir mais luzes e para entender. Ora para vencer a crise, ora quando tudo é paz. Ora para pedir mais forças quando vê que não dá mais. Ora quando sai de casa, quando sai para trabalhar e quando chega do trabalho. Ora quando vai deitar, ora quando a vida aperta. Nunca vi tamanha fé! Ora para arranjar trabalho, ora para o país mudar. Ora para mudar de vida, ora para não mais errar. Pai nosso que dais a força e a inteligência para a gente viver. Pai nosso, não deixes nunca teu povo santo te esquecer.

♣ Reflexão pessoal

Constantemente orai. 1Ts 5,17

Mais um dia de louvor

18
ABRIL

Amanheceu, anoiteceu! Foi mais um dia que Deus me deu. Por isso eu louvo o meu Senhor, por isso eu louvo o seu amor. Por isso eu digo e vou dizer que seja feito o que Deus quer. Porque ele sabe o que ele faz. Deus é ternura, Deus é paz. Deus é perdão, Deus é amor. Louvado seja o meu Senhor! Amanheceu, anoiteceu! Foi mais um dia que Deus me deu. Por isso eu louvo o meu Senhor, por isso eu louvo o seu amor. Por isso eu digo e vou dizer que seja feito o que Deus quer. Porque ele sabe o que ele faz. Deus é ternura, Deus é paz. Deus é perdão, Deus é amor. Louvado seja o meu Senhor!

✚ Reflexão pessoal

Louvai o Senhor, porque o Senhor é bom! Sl 135,3a

19 ABRIL

Quando a gente encontra Deus

Quando a gente encontra Deus, quer ficar cada dia menor. Quer ver Deus cada dia maior no coração de cada pessoa. [...] Quando a gente encontra Deus, todo dia lhe pede perdão e do fundo do seu coração se entrega a Deus e nele confia. Quando a gente encontra de verdade a grande luz, diz o que disse João apontando Jesus: "A verdade, não sou eu, sou apenas uma seta, sou apenas um profeta". Quando a gente encontra Deus, coração não consegue calar. Vai aos outros, vai testemunhar o quanto é bom viver de esperança. Quando a gente encontra Deus, quando vive de verdade o verbo amar, pede perdão e perdoa e não quer mais pecar. Também eu sou filho seu, em Jesus eu fui libertado, perdoei, fui perdoado.

✚ Reflexão pessoal

Guarda, pois, minha alma e liberta-me! Sl 25,20

O Deus em quem espero

20
ABRIL

O Deus em quem espero não me abandonará e creio firmemente que ele me libertará dos laços do pecado e da desesperança, do julgamento errado, da mentira e da vingança, da fome e da miséria, de toda humilhação de ter como parceiro quem oprime o seu irmão. O Deus em quem espero não me abandonará e creio firmemente que ele me libertará dos laços da injustiça, do medo de sofrer, do luxo e da cobiça, de fugir ao meu dever, de toda a violência, de toda falsidade da obtusa consciência que tem medo da verdade. O Deus em quem espero não me abandonará e creio firmemente que ele me libertará!

✤ Reflexão pessoal

Estendes tua mão, e tua direita me salva. Sl 138,7b

21 ABRIL

Orar com Jesus

Palavras não dizem o quanto é bonito ter fé. Nenhuma palavra é capaz de explicar Jesus. E quem já provou sabe a graça infinita que é: andar com Jesus, pensar com Jesus, amar com Jesus, orar com Jesus. Palavra não diz o quanto é feliz quem ama Jesus! Palavras não dizem o quanto é bonito ter fé. Nenhuma palavra é capaz de explicar Jesus. E quem já provou sabe a graça infinita que é: andar com Jesus, pensar com Jesus, amar com Jesus, orar com Jesus, orar com Jesus, orar com Jesus. Palavra não diz o quanto é feliz, o quanto é feliz, quem ama Jesus!

✢ Reflexão pessoal

Quando rezardes,
não sejais tagarelas como os pagãos. Mt 6,7

Falar sem falar e orar sem orar

22
ABRIL

As pessoas falam com Deus a partir do conceito que fazem dele. Deus, que é Pai, os ouve. Há os que falam serenos, os que gritam, os que choram, os que soltam gemidos inenarráveis. A maioria deles busca inspiração na Bíblia. [...] Quem está mais certo? A que Deus estão orando? A quem Deus ouviria mais? Ao fariseu que ora como que só ele conhecesse Jesus, ou ao publicano, que, quieto no seu canto, ora sem aparecer? Que modo de orar é mais precioso a Deus? A oração cheia de *marketing*, sempre a chamar adeptos, ou a do que ora em silêncio no seu quarto? Que o bom Deus nos dê a graça de realmente falar com ele quando orarmos, porque é possível falar sem falar e orar sem orar.

♣ Reflexão pessoal

_____
_____
_____
_____
_____
_____
_____
_____
_____
_____
_____
_____
_____

Dois homens subiram ao Templo para orar;
um era fariseu e o outro publicano. Lc 18,9-14

23 ABRIL

Só Deus no céu

Só Deus no céu, só ele sabe dos meus problemas e dos meus pecados. Só ele sabe se eu quis fazer os outros felizes. Só ele sabe se errei e se os meus erros eu reparei. Só Deus no céu, só Deus conhece o conteúdo da minha prece. Só ele sabe se oro ou não oro. Se choro ou não choro por meus pecados. Só Deus no céu, só ele sabe dos meus problemas e dos meus pecados. Só Deus no céu, só Deus conhece o conteúdo da minha prece.

✚ Reflexão pessoal

O Espírito vem em socorro da nossa fraqueza,
pois não sabemos rezar como convém. Rm 8,26a

Pra que eu não me canse

24
ABRIL

Se meu coração ficar cansado de esperar, e se por acaso eu me esquecer de te falar, peço encarecido teu favor para me encontrar e mais uma vez o teu amor eu vou cantar. Teus caminhos conheci desde pequeno; tua graça me acompanha sem cessar. Meu coração vai ao compasso do amor, a minha vida te pertence, meu Senhor. O Senhor fez em mim maravilhas, eu vou cantar os louvores do Senhor. Para que não me canse, uma oração eu vim fazer, pois a minha vida muitas vezes tem sofrer. E eu nem sempre posso teus caminhos entender; mas por teu amor eu sei que ainda é bom viver.

✤ Reflexão pessoal

O Senhor favorece os que o temem. Sl 147,11

25 ABRIL

Sol nascente

No silêncio da manhã que vem chegando, minha prece de louvor vou começar. Em tons vermelhos vejo o sol se levantando para louvar a criação que novamente despertou. Céus e terra vão cantando a melodia do silêncio sideral. Eu também vou suplicar que o novo dia não me traga nenhum mal. Deus, ó Deus, que me criaste, que para vida me chamaste e com teu sol me iluminaste! Liberta-me por hoje e para sempre! Liberta-me por hoje e para sempre do mal! No silêncio da manhã que vem chegando, minha prece de louvor vou começar.

✤ Reflexão pessoal

Tu és meu Deus; desde a aurora te busco. Sl 63,2

Intercessora

26 ABRIL

Lá onde estás, lá no céu com Jesus, lá certamente se ora. Lá onde há paz, paz de Deus, paz e luz. Lá certamente, ó Senhora, lá certamente se ora por nós pecadores. Então, ó Mãe, que és tão cheia de luz, tu que entendes bem mais de Jesus. Tu que sabes o quanto eu preciso da graça de Deus, ora por mim e pelos meus. Ora por nós lá no céu, Santa Maria! Teu filho Jesus é meu intercessor. Mas eu sei que levar ao teu Filho, não, ninguém, ninguém leva melhor.

❖ Reflexão pessoal

Oramos por vós a todo momento. 2Ts 2,11

27 ABRIL

Sei que vês o meu pecado

Sei que vês o meu pecado, nada escapa ao teu olhar. Sabes quanto eu tenho orado, então tu vês o meu desejo de mudar. Sei que tens misericórdia, sei que sabes perdoar. Então tu sabes quanto eu tenho orado, porque sozinho eu não consigo me encontrar. Sou pecador, Senhor, infelizmente eu sou qual filho pródigo que ainda não voltou. Se ajoelhado aqui me vês, aqui da minha pequenez conheces bem meu coração; então tu sabes que, outra vez, eu vim pedir o teu perdão.

✤ Reflexão pessoal

Pai, pequei contra o céu e contra ti. Lc 15,18b

Oração por meus vizinhos

28
ABRIL

Por meus vizinhos, lá no edifício, lá no meu bloco, na minha rua, no quarteirão. Por meus vizinhos [nomes]. Por meus vizinhos de casa e de bloco e de rua e de vila. Por meus vizinhos de casa e do bairro e de rua e de vida. Uma prece, uma prece, uma prece feliz. Eles são como eu, têm problemas iguais, têm os sonhos que eu tenho, cada qual com seu jeito de ser. Se a vizinhança der certo, o meu país também vai... Por meus vizinhos e vizinhas, esta prece a caminho do Pai.

♣ Reflexão pessoal

*Persigamos, pois, o que promove a paz
e nos edifica uns aos outros. Rm 14,19*

29 ABRIL

Estou aprendendo a orar

Tu me ensinaste a conversar com Deus e me disseste que teu Pai escuta. Que, se eu quiser, eu posso usar teu nome, se precisar de algum favor do céu. Eu tinha medo de rezar errado, porque, afinal, eu sou um pecador. Mas descobri que estava enganado: Deus é Pai e ele tem amor. Eu admito que ainda falta muito para eu poder dizer que eu sei rezar. Mas cada dia aprendo um pouco mais ouvindo as preces de quem sabe orar. Aleluia, Senhor, aleluia! Estou aprendendo a orar.

✚ Reflexão pessoal

Tudo o que pedirdes em oração,
tendo fé, o recebereis. Mt 21,22

Milagres acontecem

30
ABRIL

Quando a força de um amor não basta para fazer você sorrir, quando a força de uma fé não basta para fazer você feliz, quando a dor da solidão dói tanto que você já não consegue nem pensar, procure a oração. Quando a dor da solidão dói tanto que você já não consegue nem sonhar, procure a oração. Quando a dor de uma paixão, algum momento mais cruel, algum amor que não deu certo ameaçar seu coração, procure a oração. Milagres acontecem quando a gente reza, e reza sem desanimar. E a paz é dos milagres, o milagre mais bonito que se possa desejar. Milhares de pessoas encontram a resposta no momento de oração. Milagres acontecem quando pomos de joelho o coração.

✚ Reflexão pessoal

O Senhor apoia todos os que caem. Sl 145,14

Anotações

MAIO

PADRE JOSÉ, ZEZINHO!

O filho do violeiro cresceu e foi criado ali, pertinho do bambuzal do Conventinho. A mudança de Machado, MG, para Taubaté foi um plano divino. Estava nas escrituras da música que o menino serviria a Deus através das artes.

Gratidão! No início, o apoio dos padres dehonianos trouxe conforto e depois conhecimento, quando, aos 11 anos, o menino Zezinho foi apresentado aos poderes espirituais da alma humana e iniciou sua jornada religiosa.

Por se chamar José, primeiro vem o padre. Depois, por se chamar Zezinho, vem o cantador que tirou da viola paterna a naturalidade que faz com que a gente sinta a presença de Deus em sua obra.

Nos últimos anos, sempre que posso, vou vê-lo e, ao seu lado, provar a doçura e a serenidade de seu pensamento sereno e agregador. Nesse trecho do tempo onde a humanidade está mudando de casca através da chegada da internet, amplia-se o espectro da ação evangelizadora do padre que desde o início do seu sacerdócio se propôs a usar a arte como linguagem.

Música, teatro e literatura são seus instrumentos para divulgar o pensamento santo dos homens de Deus.

Padre Zezinho, amém!

Renato Teixeira
Compositor e cantor, é autor da famosa
canção "Romaria", entre outras

NO CAMINHO DO REINO COM MARIA

Maria é bem-aventurada porque acreditou na Palavra do Senhor. Com sua catequese cristológica, Pe. Zezinho, scj, sempre buscou falar de Maria, a Mãe de Jesus, do jeito certo: "Ela vem sempre depois do seu Filho Jesus e não está acima dele". "Maria da minha infância", "Maria de Nazaré", "Mãe do céu morena", "Lá no altar de Aparecida", "A mesma Mãe". Ela é como a lua que não tem luz própria, pois seu brilho vem de Jesus. Ela "estava lá" em todos os momentos da vida de Jesus e o acompanhou até a cruz. Maria permaneceu em oração com os discípulos, foi a Primeira Cristã, a "intercessora", a catequista, aquela que nos ensina como seguir o seu Filho Jesus.

1 MAIO

Maria de Nazaré

Maria de Nazaré, Maria me cativou. Fez mais forte a minha fé e por filho me adotou. Às vezes eu paro e fico a pensar, e sem perceber me vejo a rezar, e meu coração se põe a cantar para virgem de Nazaré. Menina que Deus amou e escolheu para mãe de Jesus, o Filho de Deus. Maria que o povo inteiro elegeu, Senhora e mãe do céu. Maria que eu quero bem, Maria do puro amor. Igual a você, ninguém, mãe pura do meu Senhor. Em cada mulher que a terra criou, um traço de Deus Maria deixou. Um sonho de mãe Maria plantou para o mundo encontrar a paz. Maria que fez o Cristo falar, Maria que fez Jesus caminhar. Maria que só viveu para seu Deus. Maria do povo meu. Ave, Maria! Ave, Maria, mãe de Jesus!

✚ Reflexão pessoal

Eis aqui a serva do Senhor!
Faça-se em mim tal como disseste. Lc 1,38

Santa Maria da Graça

2 MAIO

Ave, Maria, mãe de Jesus, mãe de quem o segue, mãe de quem tem fé! O criador te escolheu e te fez especial por causa do menino que te concedeu. Todo mundo fala desta graça tão maravilhosa que te aconteceu. Eras tão especial que Deus pediu a tua mão! Tu soubeste acreditar na vinda do Messias, na libertação. E bem antes de o trazer no ventre, já o concebias no teu coração! De rezar tu sabes mais que qualquer mãe que já rezou! Tu soubeste conversar com teu divino Filho que te elogiou. Eras grande porque praticavas a palavra santa que te iluminou! Deus morou na tua casa e, enquanto ele crescia, foi teu aprendiz. Entre todas, todas as mulheres de todos os povos, foste a mais feliz!

✚ Reflexão pessoal

Minha mãe e meus irmãos são os que escutam a Palavra de Deus e a põem em prática. Lc 8,21

3 MAIO

Contemplo, ó Maria

Contemplo, ó Maria, o teu coração, o teu dia a dia ao lado do Filho Jesus. Procuro entender como era viver guardando segredo, segredo de mãe. José partilhava e os dois perguntavam: "O que será do nosso menino?". E a cada momento dos dois, um grande depois trazia uma nova lição. Hoje quem contempla sou eu. Também eu querendo entender o que é viver ao lado do Cristo Jesus. Procurando entender sua cruz. Contemplo, ó Maria, o teu coração, o teu dia a dia ao lado do Filho Jesus. Procuro entender como era viver guardando segredo, segredo de mãe.

✚ Reflexão pessoal

Jesus crescia em sabedoria, em estatura e em graça diante de Deus e dos homens. Lc 2,52

O canto de Maria do povo

4
MAIO

Minha alma dá glórias ao Senhor, meu coração bate alegre e feliz. Olhou para mim com tanto amor que me escolheu, me elegeu e me quis. E de hoje em diante eu já posso prever, todos os povos vão me bendizer. O Poderoso lembrou-se de mim, Santo é seu nome sem fim. O povo dá glórias ao Senhor, seu coração bate alegre e feliz. Maria carrega o Salvador porque Deus faz, sempre cumpre o que diz. E quando os povos aceitam a lei, passa de pai para filho seu dom. Das gerações ele é mais do que rei, ele é Deus Pai, ele é bom.

✣ Reflexão pessoal

Alegre-se meu espírito em Deus,
meu salvador! Lc 1,47

5 MAIO

História de Maria

Vou lhe contar uma história de uma jovem chamada Maria. Em Nazaré da Galileia, outra igual eu não sei se existia. [...] Não sei se eram verdes seus olhos, se tinha cabelos morenos. Só sei que Maria de Nazaré resolveu assumir sua fé. A jovem senhora um dia recebeu um recado divino, por ela o amor nasceria, a verdade seria um menino. Só sei que Maria de Nazaré aceitou, mas não disse a José. Vou lhe falar da agonia que nos dois corações se criou, pois ela explicar não podia, e o marido, julgar não ousou. [...] Não sei se eram verdes seus olhos, não sei se foi loira ou morena. Só sei que Maria de Nazaré foi fiel a seu Deus e a José.

✚ Reflexão pessoal

O anjo Gabriel foi enviado a uma virgem prometida em casamento a um homem chamado José. Lc 1,26-27

Foi Maria que me ensinou

6
MAIO

Foi Maria de Nazaré que me ensinou o segredo que mudou o rumo do meu coração. Eu vivia dizendo não, e Maria me convenceu que, para a gente se realizar, é preciso fazer o que ele mandar. Foi Maria de Nazaré que me ensinou o segredo que mudou o pique do meu coração. Eu vivia sem me preparar, e Maria me segredou que, para a festa não se acabar, é preciso fazer o que ele mandar. Foi Maria de Nazaré que me ensinou o segredo que mudou o toque do meu coração. Eu vivia sem me questionar, e Maria me sugestionou que, para a gente se realizar, é preciso guardar o que ele falou. Foi Maria de Nazaré que me ensinou.

✚ Reflexão pessoal

Disse sua mãe aos servidores:
"Fazei o que ele vos disser". Jo 2,5

7 MAIO

Primeira cristã

Primeira cristã, Maria da luz, sabias, ó mãe, amar teu Jesus. Primeira cristã, Maria do amor, soubeste seguir teu Filho e Senhor. Primeira cristã, Maria do lar, ensinas, ó mãe, teu jeito de amar. Primeira cristã, Maria da paz, ensinas, ó mãe, como é que Deus faz. Nossa. Nossa Senhora de milhões de luzes que o meu povo acende para te louvar. Iluminada, iluminadora, inspiradora de quem quer amar e andar com Jesus. Primeira cristã sempre a meditar, vivias em Deus, sabias orar. Primeira cristã fiel a Jesus, por todo lugar, na luz e na cruz. Nossa Senhora de milhões de luzes que o meu povo acende para te louvar. Iluminada, iluminadora, inspiradora de quem quer amar e andar com Jesus.

✝ Reflexão pessoal

Maria, por sua vez, conservava tudo isso, meditando-o em seu coração. Lc 2,19

O teu segredo, Maria

8
MAIO

Teu Senhor te fez assim, pura como a fonte cristalina, e pelo mundo te fez caminhar. Teu Senhor ouviu teu sim, livre desde o tempo de menina, teu coração vai me falar. O teu segredo, Maria, eu vou desvendar e, neste mar de alegria, eu vou mergulhar. E, se eu pudesse, eu faria meu mundo mudar e o teu segredo, Maria, iria contar. Teu Senhor te fez mulher e teu coração se fez ternura e pelo mundo te fez caminhar. E, se teu Senhor quiser, viverás em cada criatura e um mundo irmão vai começar. O teu segredo, Maria, eu vou desvendar e, neste mar de alegria, eu vou mergulhar. E, se eu pudesse, eu faria meu mundo mudar e o teu segredo, Maria, iria contar.

✚ Reflexão pessoal

Não temas, Maria,
pois encontraste graça diante de Deus. Lc 1,46

9 MAIO

Como Maria ora

Maria é um encanto de pessoa santificada. Temos que tomar cuidado com o nosso entusiasmo, quando falarmos dela. Ela não faz milagres por própria vontade: só Deus os faz. Maria tem que pedi-los em nome de seu Filho, como nós também temos que pedir. É doutrina da Igreja! A diferença está no jeito de orar. O jeito dela é, sem dúvida, melhor do que o de qualquer cristão. Depois de Jesus, ninguém orou melhor do que ela. Mas Maria não é deusa nem toda-poderosa. Ela pede e sabe o que e por que pedir. Ela pode orar e ora, porque no céu se ora. Foi e é mãe! Não há por que duvidar. [...] Diminuir Maria é desrespeitar o plano de Deus. Exagerar o papel de Maria, também. Amemos Maria do jeito certo.

✚ Reflexão pessoal

Eram perseverantes na oração, com algumas mulheres,
Maria, a mãe de Jesus. At 1,14b

Mãe do grande amém

10
MAIO

Aprendemos com teu coração de mãe e mulher que é preciso fazer a vontade do criador. Que também é preciso fazer o que o Filho disser, se quisermos que tenha sucesso a festa do amor. Sem palavras inúteis, tu sabes dizer tudo aquilo que um filho precisa saber para viver como filho de Deus. Desde aquele Natal em Belém, sabes disso melhor que ninguém. Aprendemos com teu coração sereno e fiel que é preciso saber se calar e esperar. Que também é preciso saber quando não se calar, se quisermos viver a verdade sem vacilar.

♣ Reflexão pessoal

... a mãe de Jesus lhe disse:
"Eles não têm mais vinho". Lc 2,3

11 MAIO

Se és a minha mãe

Se és quem eu acredito que tu és, mãe de Jesus, e ele é Deus! Se estás onde acredito que estás, na eterna luz, vivendo aí no céu! Se vês o que acontece nesta vida, então tu vês também meu coração. Se podes influir na minha vida, então influi, porque eu preciso de oração! Se és a minha mãe, então me escutarás! Se és a mãe de Deus, então me ajudarás! Se tinhas tanta graça e tanto amor no teu viver, então me dá um pouco deste amor. Eu não consigo me converter!

✤ Reflexão pessoal

*Santo é seu nome e sua misericórdia
é para aqueles que o temem. Lc 1,50*

Maria da minha infância

12
MAIO

Eu era pequeno, nem me lembro. Só lembro que, à noite, ao pé da cama, juntava as mãozinhas e rezava apressado, mas rezava como alguém que ama. Nas Ave-Marias que eu rezava, eu sempre engolia umas palavras e, muito cansado, acabava dormindo, mas dormia como quem amava. O teu amor cresce com a gente, a mãe nunca esquece o filho ausente. Eu chego lá em casa chateado e cansado, mas eu rezo como antigamente. Nas Ave-Marias que hoje eu rezo, esqueço as palavras e adormeço e, embora cansado, sem rezar como eu devo, eu, de ti, Maria, não me esqueço. Ave, Maria, Mãe de Jesus, o tempo passa, não volta mais. Tenho saudade daquele tempo que eu te chamava de minha mãe. Ave, Maria, Mãe de Jesus.

✚ Reflexão pessoal

Alegra-te, cheia de graça,
o Senhor está contigo! Lc 1,28

13 MAIO

Maria da paz inquieta

[...] Poetas poetizaram a graça que Deus te deu. Profetas profetizaram tudo aquilo que te aconteceu. E, no decurso dos tempos, tanto de ti se dizia que foi ficando esquecido que tu foste a Maria que ouvia. Eu hoje te fiz um canto chamando-te "mãe da Igreja", pela mulher que tu foste, pois tu foste o que Cristo deseja. Nem me perturbas que acaso tu não foste a mais bela judia. Que o importante é quem foste: a mais doce Maria, que ouvia. Maria que conservavas inquieto teu coração. Maria que meditavas nas palavras de Simeão. Maria que tantas vezes não chegavas a compreender. Maria que perguntavas e meditavas querendo entender.

✤ Reflexão pessoal

Seu pai e sua mãe ficaram admirados
com o que diziam a respeito dele. Lc 2,33

Coração de Maria

14
MAIO

O que será que pensa aquele coração ao contemplar o Filho que o Senhor lhe deu? Por que será que Deus me escolheu? Por que será que Deus me escolheu? O que será que pensa aquele coração ao contemplar o Filho que Deus lhe mandou. Por causa dele eu sou quem eu sou! Por causa dele eu sou quem eu sou! Sou serva e não passo ser serva. Sou serva de quem me escolheu. Pediu o meu sim sem reservas. Meu ventre carrega um segredo. O que será que pensa aquele coração ao contemplar o Filho que Deus lhe mandou. Por causa dele eu sou quem eu sou! Por causa dele eu sou quem eu sou! O mundo vai ver a verdade, meu Filho nos ensinará palavras de eternidade e no tempo certo as dirá.

✤ Reflexão pessoal

Admirada, Maria ficou pensando
no que o Anjo queria dizer. Lc 1,29b

15 MAIO

Cantiga mariana

Ensina o teu povo a rezar, Maria, Mãe de Jesus. Que um dia o teu povo desperta e na certa vai ver a luz. Que um dia o teu povo se anima e caminha com teu Jesus. Maria de Jesus Cristo, Maria de Deus, Maria mulher, ensina a teu povo o teu jeito de ser o que Deus quiser. Maria, Senhora nossa! Maria do povo, povo de Deus, ensina o teu jeito perfeito de sempre escutar teu Deus. Ensina o teu povo a rezar, Maria, Mãe de Jesus, que um dia o teu povo desperta e na certa vai ver a luz. Que um dia o teu povo se anima e caminha com teu Jesus.

✚ Reflexão pessoal

*Proclama minha alma
a grandeza do Senhor. Lc 1,46b*

Louvação a Maria

16
MAIO

Entre todas as mulheres és bendita; depois de ti, Maria, é mais bonito ser mulher. Entre todas as mulheres, és bendita, porque tu bem sabias caminhar como Deus quer. Louvamos, ó Maria, teu jeito de viver e a sabedoria de quem tenta entender. Louvamos teu silêncio, teu jeito de falar, louvamos, ó Maria, teu jeito de amar. Louvamos, ó Maria, teu modo de pensar, teu jeito feminino de seguir ou liderar. Louvamos a maneira de receber a luz; por isso, és a primeira no reino de Jesus. Entre todas as mulheres és bendita; depois de ti, Maria, é mais bonito ser mulher. Entre todas as mulheres és bendita, porque tu bem sabias caminhar como Deus quer.

✢ Reflexão pessoal

Bendita és tu entre as mulheres,
e bendito é o fruto de teu ventre! Lc 1,42

17 MAIO

Senhora e Rainha

O povo te chama de Nossa Senhora por causa de Nosso Senhor. O povo te chama de Mãe e Rainha porque Jesus Cristo é o Rei do céu. E por não te ver como desejaria te ver com os olhos da fé, por isso ele coroa a tua imagem, Maria, por seres a mãe de Jesus de Nazaré. Como é bonita uma religião que se lembra da mãe de Jesus! Mais bonito é saber quem tu és: não és deusa, não és mais que Deus, mas depois de Jesus, o Senhor, neste mundo ninguém foi maior. Aquele que lê a Palavra divina já sabe que o livro de Deus nos ensina que só Jesus Cristo é o intercessor. Porém, se podemos orar pelos outros, a mãe de Jesus pode mais. Por isso te pedimos em prece, ó Maria, que leves o povo a Jesus.

✚ Reflexão pessoal

... viram o menino com Maria, sua mãe, e, prostrando-se, reverenciaram-no. Mt 2,11

Maria de Jesus Cristo

18 MAIO

Maria santa de Jesus, Maria pura de José que eu vi chorando ao pé da cruz, que eu vi sorrindo em Nazaré. Nossa Senhora, a gente diz: Senhora e mãe de todos nós. Pensando em ti fico feliz, no teu amor roga por nós. Também como em Belém, nasci em teu regaço e passo a passo caminhei com teu Jesus. [...] Ave, Maria! Maria meiga de Belém, em quem a graça repousou, maior ternura ninguém tem, Deus nosso Pai te abençoou. Mãe do Senhor, a gente diz e tem coragem de sonhar que o mundo vai ser mais feliz sabendo amar e perdoar. E como em Nazaré, vivendo com Jesus e com José, teu coração só teve amor. Aumenta a nossa fé no Filho que é teu Deus e faz de nós o povo santo do Senhor. Ave, Maria! Maria, Maria!

✤ Reflexão pessoal

Jesus desceu com eles a Nazaré
e lhes era obediente. Lc 2,51a

19 MAIO

Os cristãos celebram este dogma

Faz parte da cristologia a doutrina da maternidade divina de Maria. Ela não foi mãe apenas de um ser humano. Não havia duas pessoas em Jesus. Portanto, ela foi a mãe da pessoa a quem proclamamos Filho de Deus. Então, ela foi mãe do Filho de Deus. Se dizemos que Jesus é divino, então Maria foi mãe de um ser divino. Não admira que ela guardava o que ouviu no coração. Nem mesmo para ela foi fácil entender tudo o que se passou. Meditou a vida inteira sobre seu Filho e seu papel na vida dele. E estava tentando entender a cruz. Seu coração bateu o tempo todo ao lado do coração de Jesus.

✠ Reflexão pessoal

Sua Mãe guardava tudo isso em seu coração. Lc 2,51b

Não apenas Maria

20
MAIO

Não te chamamos apenas Maria; como filhos que tratam as mães por senhora, assim somos nós. Foi Jesus quem te deu a João por mãe; outros filhos além de Jesus tu não tiveste, mas nos fez seus irmãos e, ao te dar a João, te deu a nós. E por crermos que estás lá no céu, te chamamos agora de Nossa Senhora, mãe que ganhamos na cruz, mãe nossa e mãe de Jesus, Nossa Senhora da luz. Aprendemos aos poucos a crer melhor. Pouco a pouco os conceitos da fé calam mais fundo; quanto mais aprendermos a crer em Jesus, mais crescerás. E, por crermos na tua missão, te chamamos agora de Mãe e Senhora, em nome dele nos vens. Amá-lo tu sabes melhor, dá-nos do amor que tu tens.

✤ Reflexão pessoal

Jesus disse à mãe: "Mulher, eis teu filho".
Depois, disse ao discípulo: "Eis tua mãe". Jo 19,26ss

21 MAIO

Mãe do Céu Morena

Mãe do Céu Morena, Senhora da América Latina, de olhar e caridade tão divina, de cor igual à cor de tantas raças. Virgem tão serena, Senhora destes povos tão sofridos, Patrona dos pequenos e oprimidos, derrama sobre nós as tuas graças. Derrama sobre os jovens tua luz, aos pobres vem mostrar o teu Jesus. Ao mundo inteiro traz o teu amor de mãe. Ensina quem tem tudo a partilhar e a quem tem pouco a não cansar e faz o nosso povo caminhar em paz. Mãe do Céu Morena, Senhora da América Latina, derrama a esperança sobre nós, ensina o povo a não calar a voz, desperta o coração de quem não acordou. Ensina que a justiça é condição de construir um mundo mais irmão e faz o nosso povo conhecer Jesus.

✚ Reflexão pessoal

Derrubou do trono os poderosos
e elevou os humildes. Lc 1,52

E te chamavas Maria

22 MAIO

Tinhas um grande amor, vivias a tua fé. Sonhavas igual as meninas de todos os tempos costumam sonhar. Amavas o teu Senhor, amavas o teu José, amavas igual as meninas de todos os tempos costumam amar. E te chamavas Maria. Maria de Nazaré. E te chamavam Maria, Maria do bom José. Fico a imaginar teu jeito de ser mulher. [...] Posso te vislumbrar, quase consigo ver: sonhavas, oravas, cantavas, e os dias passavas imersa em tua fé. Com as vizinhas e amigas cantavas cantigas dos tempos de então. E se uma delas falava do amor que morava no teu coração, tenho certeza, Maria, que não escondias os teus sentimentos. Para aquela carpintaria, depressa corriam os teus pensamentos.

✙ Reflexão pessoal

Quando José acordou, fez o que o anjo do Senhor havia mandado e se casou com Maria... Mt 1,25

23 MAIO

Cuida de mim, ó Maria!

Santa Maria, quanta alegria só de pensar que estás orando comigo! Lá onde moram os anjos, lá onde os santos estão. Santos e anjos e arcanjos, a mais perfeita oração. Eu te imagino, Maria, perto do Sol que é Jesus, a suplicar por teus filhos vergando ao peso da cruz. Santa Maria, quanta alegria só de pensar que estás orando comigo! É que o teu brilho vem do teu Filho, ó mãe exemplar! Que o Senhor é contigo! Por isso, eu digo todos os dias: Ave, Maria! Cuida dos meus pensamentos! Ora comigo, ó Maria, cuida dos meus sentimentos! Santa Maria, quanta alegria, só de pensar que estás orando comigo!

✤ Reflexão pessoal

Bem-aventurada aquela que acreditou... Lc 1,45

Maria das perguntas

24
MAIO

Maria das muitas perguntas, disseste o teu sim ao Deus vivo, mas querias saber o motivo. O anúncio do mensageiro te avisa que vais ter um filho. Como é possível agora, fizeste a primeira pergunta. O filho que concebeste, nasceu envolvido em mistério. De onde me vem tanta graça, ouviste a segunda pergunta. Levaste o menino ao Templo... O que será do meu filho, fizeste a terceira pergunta. Agora um adolescente se perde por entre doutores. Voltas para casa pensando, depois de mais uma pergunta. O filho se faz profeta e morre na cruz inocente. Ficas ao lado do Filho com tuas perguntas em mente. E nós que, ao seguir teu Filho, sentimos as dores do mundo, temos milhões de perguntas.

✤ Reflexão pessoal

Maria perguntou ao anjo: "Como acontecerá isso, pois não conheço homem?" Lc 1,34

25 MAIO

Ave, Ave, Santa Maria

Ave Maria, cheia de graça. Ave Maria, o Senhor é convosco. Ave Maria, bendita sois vós entre as mulheres. Ave Maria, bendito é o fruto do vosso ventre. Ave Maria, que Deus escolheu para ser mãe de Jesus. Santa Maria que o tinhas nos braços. Santa Maria que estavas fiel junto à cruz. Santa Maria que abrigas os nossos cansaços. Santa Maria que estás lá no céu junto ao Cristo Jesus. Rogai por nós pecadores! Rogai por nós pecadores! Rogai agora, Senhora! Rogai agora, Senhora, e na hora em que o céu nos chamar. Ave Maria! Ave Maria! Santa Maria!

✞ Reflexão pessoal

Conceberás em teu seio;
darás à luz um filho e o chamarás Jesus. Lc 1,31

Como a lua, és tu, Maria

26
MAIO

Como a lua que não tem luz própria, a luz que tens não é tua. Teu brilho é do Sol Jesus. Como a lua, que de noite nos transmite a luz do sol, assim és tu, Maria, que nas noites desta vida jogas sobre nós o brilho do teu Jesus. Coroada de estrelas que brilham ao teu redor, lembras a quem olha o céu da fé e te vê a brilhar com o brilho de teu Filho, que ninguém precisa ser um sol, nem ter brilho próprio para iluminar este mundo. [...] Mostra-nos que não é o nosso brilho pessoal, mas o brilho de Jesus que iluminará nosso povo, por meio de nós, se nos deixarmos iluminar. Iluminada e iluminadora és tu, Maria. Ensina-nos a iluminar e a deixar que Jesus nos ilumine. Amém!

✤ Reflexão pessoal

Era a luz verdadeira que ilumina todo homem... Jo 1,9

27 MAIO

Estavas certa, Maria

Estavas certa, Maria, quando disseste que um dia o mundo te louvaria. Mais do que certa, Senhora, quando, ao chegar tua hora, profetizaste com sabedoria: "Minha alma dá glórias ao Deus das vitórias, por mais essa história que vai escrever. Ao Deus das vitórias de tantas memórias, por mais essa história, minha alma dá glórias. Dedico o meu hino por este menino, que ele me dá. Ao Deus que é tão santo, dedico o meu canto, pensando naqueles que Deus chamará. Pequena sou eu, mas o céu me escolheu". Estavas certa, ó Maria, estavas certa, ó Maria. Estavas certa, ó Maria, teu coração já sabia.

✚ Reflexão pessoal

Todas as gerações
me chamarão de bem-aventurada. Lc 1,48b

Ora por mim, ó Mãe

28 MAIO

Ora por mim que eu não sei. Cuida de mim que eu não sei me cuidar. Mais de mil vezes errei, eu sei e posso voltar a pecar. Cuida de mim, ó Maria, ora por mim lá no céu. Sabes orar muito mais do que eu, ora por mim, então, por minha conversão. Ora por mim que eu não sei, cuida de mim que eu não sei me cuidar. Mais de mil vezes errei, eu sei e posso voltar a pecar. Cuida de mim, ó Maria, ora por mim lá no céu. Sabes orar muito mais do que eu; ora por mim, então, por minha conversão.

✚ **Reflexão pessoal**

O Poderoso fez coisas grandiosas para mim! Lc 2,49

29 MAIO

Lá no altar de Aparecida

Em procissão em romaria, romeiro ruma para a casa de Maria e vai buscar a paz de Aparecida. E cada qual tem uma história para contar, e o coração de cada qual tem um motivo para rezar. Vem para pedir, agradecer ou celebrar. Não vim falar com a imagem, eu vim falar com Maria, que é a mãe do Salvador! Tenho certeza de que eu não faço idolatria, aquela imagem pequenina nunca foi nem é Maria! É só sinal para eu me lembrar da mãe de Deus, que me conduz a Jesus Cristo, que me ensina a ser mais eu! Eu vim juntar à minha pobre oração a oração da minha Igreja e de outros milhares, meus irmãos. E romaria a gente faz porque acredita que a viagem vale a pena e faz a vida mais bendita!

♣ Reflexão pessoal

Todos os anos, seus pais iam a Jerusalém
para a Festa da Páscoa. Lc 2,41

Estavas lá

30 MAIO

Estavas lá, quando Jesus nasceu. Estavas perto, enquanto ele cresceu. Estavas lá, quando Jesus morreu. Estavas lá, quando ele ressuscitou. Mãe amorosa, mãe cuidadosa, soubeste caminhar com teu Jesus desde Belém até Jerusalém. Mãe serena e forte, na vida e na morte, soubeste dar a ele o coração, desde o nascer até a ressurreição. Ave, Maria! Santa Maria! Canta, Maria! Ora conosco! Canta conosco! Senta conosco nesta Eucaristia, ora com teu povo, mãe de Jesus. Serena como sempre, Santa Maria, ora com teu povo, mãe de Jesus. Serena como sempre, Santa Maria!

❤ Reflexão pessoal

_____
_____
_____
_____
_____
_____
_____
_____
_____
_____
_____
_____
_____
_____

Estavam junto à cruz de Jesus sua mãe,
a irmã de sua mãe... Jo 19,25

31 MAIO

Valha-me, Nossa Senhora!

Lembro aquela hora igual se fosse agora, foi Nossa Senhora que rezou comigo. Era vida ou morte, mas a fé foi forte, pus a minha sorte no seu colo amigo. Onde fica o céu eu não sei, mas foi lá para cima que olhei. Levantei as mãos e gritei: "Valha-me, Nossa Senhora". Como aconteceu, eu não sei, eu só sei que, quando acordei, pus a mão no rosto e chorei. Deus me dera uma segunda chance. E agora eu digo: é Deus quem faz milagres, mas Nossa Senhora ensina a suplicar. Respeito quem não acredita nela, mas eu sei que ela pode me ajudar. E agora eu rezo e digo "Ave, Maria" segurando a Bíblia e contemplando a cruz. Tenho certeza de que Santa Maria, lá no céu, me ajuda junto de Jesus.

✜ Reflexão pessoal

Quem sou eu para que a mãe do meu Senhor venha me visitar?! Lc 1,43

JUNHO

UM CERTO GALILEU

Pe. Zezinho, scj

Um certo dia, à beira mar
Apareceu um jovem Galileu
Ninguém podia imaginar
Que alguém pudesse amar
Do jeito que ele amava
Seu jeito simples de conversar
Tocava o coração
De quem o escutava

E seu nome era Jesus de Nazaré
Sua fama se espalhou e todos vinham ver
O fenômeno do jovem pregador
Que tinha tanto amor

Naquelas praias, naquele mar
Naquele rio, em casa de Zaqueu
Naquela estrada, naquele sol
E o povo a escutar histórias tão bonitas
Seu jeito amigo de se expressar
Enchia o coração
De paz tão infinita

Em plena rua, naquele chão
Naquele poço e em casa do Simão
Naquela relva, no entardecer
O mundo viu nascer
a paz de uma esperança
Seu jeito puro de perdoar

Fazia o coração
Voltar a ser criança
Um certo dia, ao tribunal
Alguém levou o jovem Galileu
Ninguém sabia qual foi o mal
E o crime que ele fez
Quais foram seus pecados
Seu jeito honesto de denunciar
Mexeu na posição
De alguns privilegiados

E mataram a Jesus de Nazaré
E no meio de ladrões puseram sua cruz
Mas o mundo ainda tem medo de Jesus
Que tinha tanto amor

Vitorioso, ressuscitou
Após três dias à vida ele voltou
Ressuscitado, não morre mais
Está junto do Pai, pois ele é o Filho eterno
Mas ele vive, em cada lar
E onde se encontrar um coração fraterno

Proclamamos que Jesus de Nazaré
Glorioso e triunfante Deus conosco está
Ele é o Cristo e a razão da nossa fé
E um dia voltará

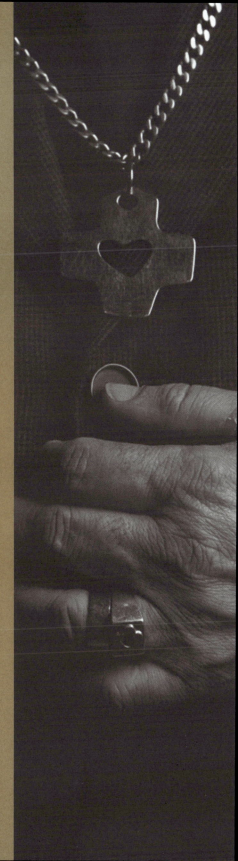

JESUS NO CAMINHO DO REINO

"E vós, quem dizeis que eu sou?" (Mt 16,15). Esta pergunta Jesus fez aos seus discípulos e faz a nós hoje. Cantando e rezando com algumas das canções e escritos do Pe. Zezinho, scj, neste mês você é convidado a aprofundar sua experiência com Jesus e a responder: "Quem é Jesus para mim?". "Um certo Galileu", "*Ieshuá*", "O Libertador", "O Filho do Carpinteiro", "O Rabi", Aquele em quem confio e fico "esperando ele passar"? Aquele que "grito pelo seu nome"? É a luz e o sol que encontro dentro de mim? É o Mestre que me ensina a amar, sentir, sorrir e viver como ele? Como posso amá-lo mais e testemunhar seu amor na minha vida?

1 JUNHO

O Libertador

Nos seus olhos a liberdade brilha mais. Dos seus lábios nasce a verdade sem temor, o coração só tem amor. Venham ver quem é o meu libertador, Jesus de Nazaré, Jesus de Nazaré. Seu caminho é bem mais reto para se andar. Seu pensamento é mais brilhante do que a luz. Ó, venham ver quem é Jesus! Venham ver quem é o meu libertador, Jesus de Nazaré, Jesus de Nazaré. Tanto tempo eu desejei achar esta minha paz que hoje eu a quero dar. Não desejo impor esta minha fé, mas, se alguém quiser me escutar, eu venho apenas falar de quem me deu a paz. Venham ver quem é o meu libertador, Jesus de Nazaré, Jesus de Nazaré!

✝ Reflexão pessoal

_____
_____
_____
_____
_____
_____
_____
_____
_____
_____
_____
_____
_____
_____

Vinde ver um homem que me disse tudo quanto fiz.
Não seria ele o Cristo? Jo 4,29

Quando Jesus passar

2
JUNHO

Quando Jesus passar, quando Jesus passar, quando Jesus passar, eu quero estar no meu lugar. No meu telônio ou jogando a rede, sob a figueira ou a caminhar; buscando água para minha sede, querendo ver meu Senhor passar. Quando Jesus passar, quando Jesus passar, quando Jesus passar, eu quero estar no meu lugar. No meu trabalho e na minha casa, no meu estudo e no meu lazer. No compromisso e no meu descanso, no meu direito e no meu dever. Quando Jesus passar, quando Jesus passar, quando Jesus passar, eu quero estar no meu lugar.

✤ Reflexão pessoal

*Jesus percorria toda a Galileia,
ensinando em suas sinagogas... Mt 4,23*

3 JUNHO

Sol poente

Vai-se o sol e vem a noite sobre a terra, outro lado e outra face do mistério do viver. Outra noite que acontece em minha vida e eu procuro a tua paz. Sol nascente e Sol poente, és tu Jesus, A e Z da minha vida, meu princípio e meu fim; já não temo a escuridão, brilhas no meu coração. Outra vez a Terra deu mais uma volta, revelando a outra face para o sol iluminar. Outra vez minha alma anseia por repouso e eu procuro a tua luz. Neste eterno recomeço que a vida gira a terra e giro eu buscando a luz do teu amor. Tu, porém, tal qual o sol jamais te apagas e me esperas amanhã. Sol nascente e Sol poente és tu, Jesus. A e Z da minha vida, meu princípio e meu fim, já não temo a escuridão, brilhas no meu coração.

✚ Reflexão pessoal

Eu sou o Alfa e o Ômega, o princípio e o fim. Ap 21,6

Tu que foste criança, Jesus

4
JUNHO

Tu que foste criança, Jesus, e sofreste a pobreza também. Que, ao nascer em uma noite de luz de ternura, inundaste Belém. Tu que sabes o frio que faz quando falta um lugar para morar. A todas as crianças do mundo, concede a graça de um lar. Tu que foste esperança de paz, mas tiveste também que fugir do poder que seria capaz de matar para não repartir. Tu que sabes o quanto doeu o exílio tão longe do lar. A todos os migrantes do mundo, concede a paz de um lugar. Tu que foste criança feliz e tiveste a ternura de um lar. Tem piedade do nosso país, que nem sempre consegue amparar as crianças sem pai nem ninguém, que nas ruas eu vejo a vagar. Ensina os que mandam no mundo por onde recomeçar.

✚ Reflexão pessoal

Foram às pressas e encontraram Maria,
José e o recém-nascido deitado na manjedoura. Lc 2,16

5 JUNHO

O filho do carpinteiro

De repente Jesus, o filho do carpinteiro, se tornara famoso em território estrangeiro. E toda gente insistia que Jesus era filho de José e Maria! [...] onde ele fora arranjar tamanha sabedoria? [...] Um belo dia, contudo, ele saíra pregando um novo reino e falando que o pai dele era Deus! [...] Todo mundo sabia que Jesus não podia ser de Deus um sinal! Um belo dia, contudo, ele saíra curando e mesmo ressuscitando com poder sem igual. [...] E toda gente insistia que Jesus fora longe e que devia se calar! [...] Todo mundo se lembra do que depois sucedeu, como foi que o mataram, porque foi que morreu. E o mundo foi dividido entre quem leu e não leu, quem acredita e não crê que ele era o Filho de Deus.

✚ Reflexão pessoal

Não é este o filho do carpinteiro?
Sua mãe não se chama Maria...? Mt 13,55

Ninguém fez mais do que Jesus

6
JUNHO

Ninguém fez mais, ninguém fez mais do que Jesus por nossa paz. Amou como ninguém jamais amou, ouviu como ninguém jamais ouviu. Falou como ninguém jamais falou, serviu como ninguém jamais serviu. Sofreu como bem poucos e viveu intensamente, serenamente; não quis a guerra, não matou, não tirou sangue de ninguém. Se alguém tivesse que morrer, que fosse ele. Não teve medo, mostrou que a paz é dom maior. E, para fazê-la, em muitos casos é preciso até morrer. Não procurou a cruz, mas não fugiu. Se isso é incomum, então Jesus é incomum. Ninguém fez mais, ninguém fez mais do que Jesus por nossa paz. Ninguém fez mais, ninguém fez mais do que Jesus por nossa paz.

♣ Reflexão pessoal

Todos ficaram maravilhados
com a grandiosidade de Deus. Lc 9,43b

7 JUNHO

Jesus Cristo me deixou inquieto

Jesus Cristo me deixou inquieto nas palavras que ele proferiu. Nunca mais eu pude olhar o mundo sem sentir aquilo que Jesus sentiu. Eu vivia tão tranquilo e descansado, e pensava ter chegado ao que busquei. Muitas vezes proclamei extasiado que, ao seguir a lei de Cristo, eu me salvei. Mas, depois que meu Senhor passou, nunca mais meu coração se acomodou. Minha vida, que eu pensei realizada, esbanjei como semente em qualquer chão. Pouco a pouco, ao caminhar na longa estrada, percebi que havia tido uma ilusão. Mas, depois que meu Senhor passou, ilusão e comodismo se acabaram. Jesus Cristo me deixou inquieto nas palavras que ele proferiu. Nunca mais eu pude olhar o mundo sem sentir aquilo que Jesus sentiu.

♣ Reflexão pessoal

De fato, ele ensinava
como quem tem autoridade. Mt 7,29

Ieshuá

8 JUNHO

Ieshuá! Catalogaram Jesus por não andar na direita, na esquerda ou no centro ou na situação. Por não falar como essênios, zelota ou governo nem oposição. E por não ser fariseu, e por não ser saduceu, classificaram Jesus como herege, blasfemo, inimigo e perigo mortal para a nação. Desafiaram Jesus, porque fazia milagres em dias errados e sem permissão. [...] E, por não ser um doutor, por falar tanto de amor, classificaram Jesus como um alienado, impostor renegado sem classe ou padrão. [...] E por dizer que chegou, porque foi Deus quem mandou, assassinaram Jesus em uma cruz. [...] Acompanharam Jesus pobres e cegos e surdos e coxos e mudos e até oficiais. [...] E, por ser Filho de Deus, e pelo Reino dos céus, testemunharam Jesus e com ele enfrentaram as dores da cruz, mas acharam a paz.

✤ Reflexão pessoal

Procuravam um testemunho contra Jesus para condená-lo à morte. Mt 14,55b

9 JUNHO

Seu nome é Jesus

Tirou tanta gente das trevas, levou tanta gente para a luz. Levou tanta gente ao caminho da paz, tirou tanta gente da cruz. Seu nome é Jesus, Deus de Deus e luz da luz. Tirou tanta gente das ruas, mostrou-lhes o que era viver. Levou tanta gente para a casa do pai e fez tanta gente crescer. Seu nome é Jesus, Deus de Deus e luz da luz. Tirou minha irmã do pecado, do vício, livrou meu irmão; e eu, que também tantas vezes errei com ele, achei o perdão. Seu nome é Jesus, Deus de Deus e luz da luz. Mostrei a Jesus meus fracassos, mostrei-lhe também meu amor, e ele me abriu os seus braços, aos poucos me fez vencedor. Seu nome é Jesus, Deus de Deus e luz da luz.

✚ Reflexão pessoal

Tem feito bem todas as coisas:
faz os surdos ouvirem e os mudos falarem. Mc 7,37b

Ele

10 JUNHO

Ele assumiu nossas dores, veio viver como nós. Santificou nossas vidas cansadas, vencidas de tanta ilusão. Ele falou do teu Reino e te chamava de Pai, e revelou tua imagem, que deu-nos coragem de sermos irmãos. Ousamos chamar-te de Pai, ousamos chamar-te de Senhor. Jesus nos mostrou que tu sentes e ficas presente onde mora o amor. Pai nosso, que estás no céu. Pai nosso que estás aqui. Ele mostrou o caminho, veio dizer quem tu és. Disse com graça e com jeito que os nossos defeitos tu vais perdoar. Disse que a vida que deste queres com juros ganhar. Cuidas de cada cabelo que vamos perdendo sem mesmo notar. Pai nosso, que estás no céu. Pai nosso, que estás aqui.

✤ Reflexão pessoal

Pai nosso, que estás nos céus,
santificado seja teu nome. Mt 6,9b

11 JUNHO

Se não fosse Jesus

Se não fosse Jesus e este sonho insistente que ele plantou, se não fosse Jesus e o projeto exigente que nos deixou, se não fosse Jesus e os santos e as santas que ele formou, a esperança de um mundo melhor seria muito pequena. A esperança de um mundo melhor seria menor. Se não fosse Jesus e esta ânsia de eterno que ele plantou, se não fosse Jesus e o projeto fraterno que nos deixou, se não fosse Jesus e as muitas verdades que ele gritou, a esperança de um mundo melhor seria muito pequena. A esperança de um mundo melhor seria menor.

✿ Reflexão pessoal

Todo aquele que tem nele essa esperança,
purifica-se a si mesmo. 1Jo 3,3

Amar como Jesus amou

12 JUNHO

Um dia, uma criança me parou, olhou-me nos meus olhos a sorrir. Caneta e papel na sua mão, tarefa escolar para cumprir. E perguntou no meio de um sorriso: o que é preciso para ser feliz? Amar como Jesus amou, sonhar como Jesus sonhou, pensar como Jesus pensou, viver como Jesus viveu. Sentir o que Jesus sentia, sorrir como Jesus sorria e, ao chegar ao fim do dia, eu sei que eu dormiria muito mais feliz. Ouvindo o que eu falei, ela me olhou e disse que era lindo o que eu falei. Pediu que eu repetisse, por favor, mas não dissesse tudo de uma vez. E perguntou de novo em um sorriso: o que é preciso para ser feliz?

✚ Reflexão pessoal

*Sede meus imitadores,
assim como eu o sou de Cristo. 1Cor 11,1*

13 JUNHO

Sagrado Coração de Jesus

A devoção ao Coração de Jesus permeou o cristianismo e tomou formas muito concretas em comunidades e escritos que, ao se referirem a Jesus, se referem ao homem do coração sagrado. A prática das primeiras sextas-feiras dedicadas ao Coração de Jesus é atitude de quem se lembra de que foi em uma sexta-feira santa que se deu Jesus ao extremo. Seu coração se fez fonte que jorra perdão e misericórdia. Por isso, a prática das sextas-feiras é uma prática de contemplação e de gratidão ao coração que nada guardou para si: todo do céu e todo da terra. Os que pregam a devoção ao Coração de Jesus centralizam a sua pregação no amor que vai ao encontro; na sensibilidade, na solidariedade. Sem isso não há céu.

✝ Reflexão pessoal

Mas um dos soldados feriu-lhe o coração com uma lança, e logo saiu sangue e água. Jo 19,34

Eu não esquecerei

14
JUNHO

Eu não esquecerei, eu não esquecerei, hei de lembrar que foi Jesus que me reconquistou. E agradecerei porque pensou em mim. Jesus se antecipou, Jesus me resgatou! Eu não esquecerei, eu não esquecerei, hei de lembrar que foi Jesus que enfim me libertou. Caído eu me vi, sem forças para subir. Jesus então me ergueu, Jesus me libertou. Eu não esquecerei, eu não esquecerei, hei de lembrar que foi Jesus que me reconquistou. E agradecerei porque pensou em mim. Jesus se antecipou, Jesus me resgatou!

✚ Reflexão pessoal

Fui conquistado por Cristo. Fl 3,12b

15 JUNHO

Para mim Jesus é Deus

Eu só sei que foram trinta e tantos anos e não posso lhe provar minha verdade! Pode ser que minha fé só seja um sonho. Pode ser que você veja mais que eu. Eu só sei que ele sabia o que falava, eu só sei que ele curava e perdoava. Não importa se morreu crucificado e se o mundo ainda não se convenceu. Para mim Jesus venceu! Para mim Jesus é céu! Para mim Jesus é luz! Para mim Jesus é Filho! Para mim Jesus é Deus!

♣ Reflexão pessoal

Todo aquele que crê que Jesus é o Cristo, é nascido de Deus. 1Jo 5,1

Eu te chamo de Mestre

16
JUNHO

Eu te chamo, Senhor, eu te chamo de Mestre e não sei se te chamo como devo chamar. E procuro fazer como sei que fizeste, mas não sei se te amo como devo te amar. Eu te chamo de Mestre e Senhor e procuro entender teu amor e encontrar um caminho de paz, para mim, para qualquer irmão que cultive esta mesma ilusão de fazer este mundo mudar. Eu procuro servir, eu procuro este jeito de viver sem reservas, por meu Mestre e Senhor. Se quiseres me ouvir, eu serei mais perfeito e talvez eu consiga ser profeta do amor.

✚ **Reflexão pessoal**

Vós me chameis de Mestre e Senhor,
e dizeis bem, pois eu sou. Jo 13,13

17 JUNHO

És tu, Jesus

Como ponte que me levará do outro lado, como o rio que conduz o barco até o mar, como a luz que iluminará a minha estrada, és tu, Jesus, eu quero tua luz para me guiar. Como a terra espera o sol brilhar no firmamento, como a flor em busca do orvalho da manhã, como o barco a velejar no mar espera o vento, sou eu, Senhor, que quero a doce paz do teu amor. Como ponte que me levará do outro lado, como o rio que conduz o barco até o mar, como a luz que iluminará a minha estrada, és tu, Jesus, eu quero tua luz para me guiar. Amém, Aleluia, Aleluia!

✢ Reflexão pessoal

O amor de Cristo nos envolve... 2Cor 5,14

Se a gente se calasse

18
JUNHO

E se eu parasse de falar de Jesus Cristo seria como desligar uma das luzes da avenida. Seria como se apagasse alguma estrela lá no céu: a maioria das pessoas nem sequer perceberia! Mas, se milhares se calassem, cada qual por seus motivos, haveria escuridão naquele trecho da avenida. E nas noites das pessoas haveria menos luz, se houvesse menos gente que falasse de Jesus. E haveria quem pusesse uma outra luz bem no lugar da imensa luz que é Jesus. Se eu parasse de exaltar e anunciar Jesus de Nazaré e o seu amor profundo, haveria menos esperança neste mundo!

✤ Reflexão pessoal

Brilhe assim vossa luz diante dos homens. Mt 5,16a

19 JUNHO

Dentro de mim

Dentro de mim existe uma luz que me mostra por onde deverei andar. Dentro de mim também mora Jesus, que me ensina a buscar o seu jeito de amar. Minha luz é Jesus e Jesus me conduz pelos caminhos da paz. Minha luz é Jesus. E Jesus me conduz pelos caminhos da paz. Dentro me mim existe um farol que me mostra por onde deverei remar. Dentro de mim Jesus Cristo é o Sol que me ensina a buscar o seu jeito de sonhar. Dentro de mim existe um amor que me faz entender e lutar por meu irmão. Dentro de mim Jesus Cristo é o calor que acendeu e aqueceu para valer meu coração. Minha luz é Jesus. E Jesus me conduz pelos caminhos da paz.

✤ Reflexão pessoal

Sou eu a luz do mundo.
Quem me segue não caminha nas trevas. Jo 8,12

Foi a paz do teu amor

20
JUNHO

Foi a paz do teu amor, a paz da tua luz, a paz do teu Jesus, foi essa paz, ela me tornou capaz, capaz de entender que, mesmo se não deu, valeu a pena! Não me sinto perdedor e não me sinto vencedor. Me exaltar não me convém, não sou maior do que ninguém. Às vezes ganho, às vezes perco, mas sei que seguirás me convertendo. Foi a paz do teu amor, a paz da tua luz, a paz do teu Jesus de Nazaré, fez humilde a minha fé e a fé me fez pensar. Não basta eu te louvar! Não seguirei teu coração, se não levar libertação.

✠ Reflexão pessoal

Aquele que se enaltecer será humilhado,
e aquele que se humilhar será enaltecido. Mt 23,12

21 JUNHO

Maior do que a luz é Jesus

Maior do que a luz é o Deus da luz. Maior do que a luz é Jesus. Quando eu digo que Deus é luz, estou dizendo também que Deus é mais, muito mais, muito mais. Na falta de comparação, palavras não dizem nem conseguem explicar. Porque Deus é muito mais e Jesus é muito mais. Maior do que a luz é o Deus da luz. Maior do que a luz é Jesus.

✤ Reflexão pessoal

Enquanto estou no mundo,
sou a luz do mundo. Jo 9,5

O Rabi

22 JUNHO

Há um homem lá fora dizendo que veio de Deus. Diz que a hora é agora, que um novo Reino já começou. Não fala de revolução, mas quer mudar estruturas. Não anda de armas na mão, mas faz o povo sonhar. Talvez seja um doido varrido, um poeta sofrido, um profeta perdido? Há um homem lá fora, fazendo a cabeça do povo. [...] e diz que o caminho do amor tem de passar pela cruz. Talvez seja um alienado, um Rabi enganado, um profeta exaltado. Há um homem lá fora e diz que se chama Jesus. [...] Não faz pouco caso da lei, mas não tolera injustiças [...]. Talvez seja algum impostor, um gentil falador ou de fato o Libertador. Mas tem qualquer coisa de novo! Caminha no meio do povo.

✝ Reflexão pessoal

Rabi, sabemos que vens da parte de Deus como mestre. Jo 3,2

23 JUNHO

Queremos ver Jesus

Jesus Cristo, crucificado, Paulo falava desta visão fundamental. O Cristo glorioso só faz sentido depois do Cristo sofredor (cf. 1Cor 2,2). Queremos ver Jesus é sempre um chamado à ascese, à solidariedade e à importância de conviver com o outro, em quem Jesus se manifesta. Não o teremos encontrado se não o encontrarmos nos pequeninos, nos pobres (cf. Mt 25,45). Seus sinais estão por toda parte e, se eu rejeitar seu rosto que está nos pobres, nos ricos misericordiosos, nos pecadores, nos irmãos que pensam diferente, estarei rejeitando a ele mesmo, que deixou claro em Mateus 7,21-28 que não reconheceria como seus os que não fossem capazes de ler e praticar estes sinais da sua presença.

✚ Reflexão pessoal

Eles se aproximaram de Filipe e lhe disseram:
"Senhor, queremos ver Jesus". Jo 12,21

Foi teu Jesus que me ensinou

24
JUNHO

Foi teu Jesus que me ensinou que eu posso ser muito melhor do que eu já fui ou que já sou, se eu caminhar no teu amor. Foi teu Jesus que me ensinou a conjugar o verbo amar. Serei melhor do que já sou se eu aprender a perdoar, e ouvir melhor o que ele diz, serei mais luz e mais farol e certamente mais feliz. Foi teu Jesus que ensinou que, quem o segue, tem que amar; na oração que ele deixou, falou do verbo perdoar. Ao padecer naquela cruz, fez tudo aquilo que pregou, morreu pedindo o teu perdão por quem na cruz o colocou. Foi teu Jesus que me ensinou que eu posso ser muito melhor do que eu já fui ou que já sou, se eu caminhar no teu amor.

✠ Reflexão pessoal

_____

_____

_____

_____

_____

_____

_____

_____

_____

_____

_____

_____

_____

_____

_____

Pai, perdoa-lhes,
pois não sabem o que fazem. Lc 23,34

25 JUNHO

Eu gritei teu nome santo

Quando a dor doeu demais, eu gritei teu nome santo. Quando me faltou a paz, eu gritei teu nome santo. Disse ao Pai que tu mandaste que eu falasse no teu nome cada vez que eu precisasse. Cada vez que eu precisasse de um favor. Nome santo tens, Jesus! Nome santo que liberta. Quantas vezes me ajudou! Quantas vezes me elevou! Quantas vezes me salvou! Nome santo tens, Jesus! Nome santo que liberta. Quantas vezes me ajudou! Quantas me elevou! Quantas vezes me salvou! Quando a dor doeu demais, eu gritei teu nome santo. Quando me faltou a paz, eu gritei teu nome santo. Nome santo tens, Jesus! Nome santo que liberta.

✝ Reflexão pessoal

Então ele gritou: "Jesus, Filho de Davi, tem compaixão de mim". Lc 18,38

Jesus, Jesus, Jesus

26
JUNHO

Todas as igrejas, na voz dos seus cantores, na voz dos seus fiéis, estão cantando o nome de Jesus. Nome poderoso, nome luminoso que vai libertando enquanto inunda os corações de luz. E nós também cantamos: Nome Santo de Jesus! Dobramos os joelhos ao cantar e ao proclamar: Jesus! Jesus! Jesus! Todas as igrejas nas suas liturgias, nas horas de louvar, estão pensando no nome de Jesus. Nome tão profundo, que sacode o mundo, que vai questionando a humanidade com sua imensa luz. E nós também cantamos: Nome Santo de Jesus! E nós também cantamos: Nome Santo de Jesus! Dobramos os joelhos ao cantar e ao proclamar: Jesus! Jesus! Jesus!

✚ Reflexão pessoal

Ao nome de Jesus, todo joelho se dobre, nos céus, na terra e nos subterrâneos. Fl 2,10

27 JUNHO

E eu penso em Jesus

Como quem tem milhões de coisas a dizer, chegou de lá do céu o Filho eterno e se tornou filho de mulher. Viveu em um lar e obedeceu, por trinta anos se calou.

Milhões de coisas ele tinha para dizer, mas esperou e escutou, dialogou, deixou falar. Então falou como quem tinha o que dizer. Falou das coisas deste mundo e do céu, Jesus falou. E eu ouço a sua voz a nos dizer que não estamos sós. Em cada curva, em cada canto, em cada estrada aonde eu vou, eu ouço a sua voz. Nas festas e na cruz, nas trevas e na luz, eu penso em Jesus, oh sim! No seu imenso amor por nós, no seu imenso amor por mim.

✚ Reflexão pessoal

... na plenitude do tempo, Deus enviou o seu Filho, nascido de mulher. Gl 4,4

Eu tenho alguém por mim

28
JUNHO

Sei muito e muito bem que peso tem a cruz. Mas, sim, eu sei também que força tem Jesus. Conheço a humana dor, sofrer eu já sofri, mas graças ao bom Deus eu nunca desisti. Eu nunca desisti de crer e de esperar. Fiel permaneci e, sem desanimar, vou até o fim mantendo a mesma fé. Eu tenho alguém por mim, Jesus de Nazaré.

✤ Reflexão pessoal

Por isso, não tenhais medo.
Vós valeis mais que muitos pardais. Mt 10,31

29 JUNHO

Quem é esse Jesus?

Quem é esse Jesus de quem se fala tanto, há tanto tempo e tantas coisas, muitos contra e muitos a favor? Não passa hora, nem minuto, nem segundo sem que alguém se lembre dele. Tamanha é sua luz, tão grande a força das palavras que ele disse [...]. Quem é esse Jesus, que andou pelas aldeias semeando mil ideias e do céu mostrou-se porta-voz? [...] Tamanha é sua paz, tão grande a força dos sinais que foi deixando [...]. Por causa dele nova História foi escrita, não há vida mais bonita do que a deste sofredor. Morreu por todos nós, mas foi tão forte o testemunho dessa vida, pois a morte foi vencida ao vencer a dor da cruz. Poderoso e mais que forte poderoso até na morte, quem é esse Jesus?

✚ Reflexão pessoal

Quem dizem os homens ser o Filho do Homem? Mt 16,13b

Deus mandou Jesus

30
JUNHO

Este mundo estava escuro e Deus mandou a sua luz, mandou a sua luz. Essa luz era seu Filho e o nome dele era Jesus. Essa luz era seu Filho, e o nome dele era Jesus, seu nome era Jesus. E quem se faz pessoa serena e boa, como Jesus. E quem se faz irmão e ajuda o outro a levar a cruz. E quem reparte o pão e repete o gesto de valor, também se torna luz, também se torna luz. E quem, por mais que a vida lhe diga não, ele diz que sim. E quem compreendeu a ressurreição, vai dizendo assim: "O meu Senhor morreu, mas ressuscitou, e nos libertou". Jesus nos libertou, Jesus nos libertou.

✚ Reflexão pessoal

*Quem ama seu irmão permanece na luz,
e nele não há motivo de tropeço. 1Jo 2,10*

Anotações

JULHO

POR CAUSA DE UM CERTO REINO

"Por causa de um certo Reino..." Assim eu começaria uma biografia do Pe. Zezinho, se tivesse que escrevê-la. Mas não a escreverei, por ser desnecessária: seus livros e, particularmente, suas canções resumem seus ideais e sonhos, suas inquietações e esperanças, suas lutas e alegrias.

Foi "Por causa de um certo Reino" que Pe. Zezinho se tornou religioso dehoniano. Quando seminarista, ele era criativo, falante (sim, já naquela época!), risonho, inquieto. Mais tarde, ambos sacerdotes, passamos a ter uma convivência intensa. Ele me envolveu no trabalho com jovens, e sempre lhe fui grato por isso.

Destaco um aspecto de sua personalidade: sua organização. Chamava minha atenção, quando morávamos no Conventinho de Taubaté, uma placa com um pegador, na entrada de seu escritório. Ali havia "n" folhas com títulos de possíveis livros, canções e programas. Eu sabia que, um dia, tudo aquilo acabaria tornando-se realidade!

A comemoração de seus 80 anos poderá ser, para ele, a ocasião para um agradecimento àquele que passou em sua vida "Por causa de um certo Reino". Para mim, será uma oportunidade para agradecer a Jesus de Nazaré a inquietação que semeou no coração deste meu irmão.

Dom Murilo S. R. Krieger, scj
Arcebispo Emérito de São Salvador da Bahia

A JUSTIÇA E A PAZ NO CAMINHO DO REINO

Da "Oração dos pobres sem voz nem vez" a "Nênia por um povo ferido", inspirado pelos Evangelhos, pelos Documentos da Igreja e pelos escritos dos papas que falam sobre as questões sociais, justiça e paz, Pe. Zezinho, scj, reflete, escreve e canta estes temas com profecia. No "país dos seus sonhos", "vislumbra um novo Reino", onde os "fazedores da paz inquieta" trabalham e dividem o pão. Todos nós, cristãos, somos chamados a denunciar e a combater as injustiças sociais e os males que afligem o povo. O que eu posso fazer na minha comunidade, no meu bairro, na minha cidade para que essa realidade de injustiças sociais seja transformada?

1
JULHO

Fome de paz

Meu coração tem fome de paz e nada mais, nada mais, o satisfaz, senão a paz que vem do Cristo Jesus. Meu coração tem fome de justiça e de luz, e é por isso que meu coração procura Jesus. E é por isso que eu falo tanto de Jesus de Nazaré. Eu nele tenho fé, eu nele tenho fé. E é por isso que procuro tanto por Jesus de Nazaré, eu nele tenho fé, eu nele tenho fé. Meu coração tem fome de paz e nada mais, nada mais, o satisfaz, senão a paz que vem do Cristo Jesus. Meu coração tem fome de justiça e de luz, e é por isso que meu coração procura Jesus.

♣ Reflexão pessoal

Por causa de meus irmãos e de meus amigos,
vou falar-te de paz. Sl 122,8

Dai-nos hoje o nosso pão

2
JULHO

Dai-nos hoje o nosso pão de cada dia, não nos falte a liberdade nem a paz. Não domine sobre nós a tirania de quem tem tudo, mas não se satisfaz. Não nos reste a tentação da força bruta e, na luta por viver, não pisemos no direito que é dos outros, que possamos conviver. Que aconteça nessa América Latina a justiça e a fraternidade. Não nos leve ao desespero e à revolta, a mania do poder, que somente favorece aos poderosos e os que querem tudo ter. Que reboe pela América Latina um só canto de igualdade e que aconteça o direito e a liberdade. Não prospere aqui a ideologia da vingança por vingar. Não domine sobre nós a tirania do dinheiro ou do poder. [...] Que aconteça nesta América Latina a liberdade na fraternidade.

✚ Reflexão pessoal

Não confieis na exploração
e não vos iludais com o roubo. Sl 62,11

3
JULHO

Prece pelo social

O rico menos rico, o pobre menos pobre e nós cada vez mais inquietos com os rumos do nosso país. Trabalho para toda a gente, salário bem mais decente. E nós cada vez mais inquietos para ver nosso povo feliz. Não é fácil não, mas, do jeito que está, não dá. Gostamos de te louvar, mas às vezes a dor é tanta que a nossa oração é uma lágrima. Por favor, ó Senhor, dá-nos força e valor. Para conquistar mais trabalho, para conquistar mais salário, para conquistar nosso pão. Pão nosso de cada dia, trabalho de cada dia, salário de cada dia. Certeza de cada dia, Senhor.

♣ Reflexão pessoal

Ao que trabalha, o salário não é considerado como graça, mas como dívida. Rm 4,4

Menores abandonados

4
JULHO

Dizem que este país é feliz porque o povo inda canta nas ruas. Dizem que nossa nação não vai mal, porque o povo ainda faz carnaval. E eu queria somente lembrar que milhões de crianças sem lar não partilham da mesma visão, há tristeza no seu coração. Menores abandonados, alguém os abandonou. Pequenos e mal-amados, o progresso não os adotou. Pelas esquinas e praças estão desleixados e até maltrapilhos. Frutos espúrios da nossa nação, são rebentos, porém, não são filhos. [...] Tentam gritar do seu jeito infeliz que o país os deixou na desgraça. E eu queria somente lembrar que milhões de crianças sem lar são os frutos do mal que floriu, em um país que jamais repartiu.

✚ Reflexão pessoal

*Defendam os direitos dos órfãos
e protejam as viúvas. Is 1,17c*

5 JULHO

Cantar a paz

Eu vim cantar uma canção, que é meu jeito de lutar para ver a paz acontecer. Não trouxe nem meu violão, que é meu jeito de lembrar que sou poeta e não cantor. [...] Sei quanto vale uma canção, talvez não mude quase nada neste mundo sem amor. Sei que é quimera ou ilusão querer que um canto mude a mente do guerreiro ou do opressor. Mas assim mesmo eu canto forte, na esperança de fazer a paz acontecer. Se alguém quiser me acompanhar, que se prepare para sofrer, pois não se canta por cantar. E não se sabe o que dizer, cante a esperança, a igualdade, a justiça e o perdão. E cante até perder a voz, mas nunca deixe de cantar a paz, plantar a paz do amanhã.

✙ Reflexão pessoal

*Eu sou pela paz e assim falo;
eles são pelo combate. Sl 120,7*

Sociologia

6
JULHO

Meu professor de sociologia costumava sempre nos dizer que não existe solução onde um povo não responde a mais velha questão. E a questão é repartir o pão, em partes justas, de maneira tal que faz sucesso o povo que reparte, e o que não reparte sempre se dá mal. [...] Já vi miséria em cima de miséria, mas a brasileira é muito mais boçal. Temos de tudo, mas nos falta tudo [...]. Se em cada 100, 70 não tem nada, os 30 que têm tudo não sossegarão. Por isso, aquele que tiver dinheiro faça o que é preciso pelo seu irmão. [...] Pois a questão é repartir o pão em partes justas, de maneira tal que o que se come na casa do empresário na do operário seja o mesmo pão. [...]

♣ Reflexão pessoal

Que os ricos não sejam orgulhosos
nem ponham a esperança nessas riquezas. 1Tm 6,17

7
JULHO

Sem eira nem beira

[...] Por longas estradas que ainda não vias, sem eira nem beira, calado seguias. [...] A vida era dura, passavam os dias, o tempo chegara e de casa partias.

Alguém te perguntou em que lado moravas; disseste em resposta o que dizem milhões: "Se queres saber o caminho que eu traço, acompanha meu passo"; vem ver e sentir "as aves do céu e as raposas têm casa, mas eu, nem sequer, tenho onde dormir". Eu olho os milagres de arquitetura, colossos enormes rasgando as alturas. E penso no povo que sofre e padece por falta de teto, de amor e de pão, e leio o decreto que tira do teto porque não pagou seu patrão e credor. E tu que já foste pisado e esmagado, e exilado e humilhado, liberta teu povo, Senhor!

✚ Reflexão pessoal

Jamais perecerá a esperança dos oprimidos. Sl 9,19

Verdades

8 JULHO

Das verdades que Jesus nos ensinou, uma delas não consigo esquecer: que se um homem não tem nada para comer e um outro tem demais em sua mesa, um dos dois vai para o inferno ao morrer. Uma outra que em meu coração ficou, muitas vezes me recordo ao meditar: quem quiser seguir os passos de Jesus, não se apegue a mais ninguém senão ao Reino e por ele agarre firme a sua cruz. Das verdades que ao partir Jesus deixou, eu recordo a do contexto social, que, se alguém quiser subir de posição, lave os pés dos seus irmãos e lidere sem pisar no seu irmão. Verdades que acredito, verdades de Jesus que me trazem tanta luz. Verdades que você procura sem saber, verdades que nós dois custamos tanto a entender.

✜ Reflexão pessoal

Também vós deveis lavar os pés uns dos outros. Jo 13,14b

9 JULHO

Paz inquieta

Eu trago esta paz inquieta, feita de trevas e de luz, desde que eu sigo os caminhos de um profeta chamado Jesus. Na treva eu me sinto inquieto, na luz eu me sinto capaz. E pelos caminhos do mundo eu sigo inquieto, mas vou em paz. Inquieto pelo inocente, pelo culpado também, triste por ver tanta gente que não sabe o que a vida contém. Inquieto pela injustiça, que eu vejo aumentar e doer, inquieto por esta cobiça, que não deixa o meu povo crescer. Em paz pelos homens justos que, por saber e sonhar, pagam com preço de sangue a coragem de não se calar. [...] Em paz por quem nunca se cansa de os caminhos da paz percorrer. [...] Inquieto por tanta gente que não se inquieta jamais.

♣ Reflexão pessoal

Fazei justiça ao oprimido e ao indigente. Sl 82,3

Ninguém com fome

10
JULHO

Ninguém com fome, ninguém sem ter alguém e sofrendo demais. Que a tua graça nos ajude a ser fraternos e nos alcance um novo jeito de chegar. Os teus caminhos são eternos, mas só alcança quem aprende a partilhar. Que o pão da terra que trouxemos como oferta, que o pão da vida que nos destes neste altar, nos façam ver que a paz é graça mais que certa, se o coração conhece o dom de partilhar. Que nunca falte o pão e a paz em cada casa, que nunca falte a intenção de partilhar. Quem tem demais ajudará quem tem de menos. Quem tem de menos vai parar de mendigar. Aprenderemos a orar pedindo luzes, mas nossa luz pelos que sofrem brilhará igual à lua que reflete a imensa luz que o sol lhe dá.

✣ Reflexão pessoal

Não terão fome, nunca mais terão sede. Ap 7,16

11 JULHO

Um grito de paz

De todos os cantos do mundo se ouviu um canto de paz. De todos os povos do mundo se ouviu um grito de paz. E todos os pés caminhavam em busca da paz, e todos os povos marchavam em busca da paz. E todas as bocas cantavam um canto de paz: Senhor, dá-nos a paz! E todos partiam o pão e se davam as mãos. E todos sentiam de fato que eram irmãos. E o lobo e o cordeiro bebiam do mesmo riacho. Ó Senhor, dá-nos paz! Novo céu e nova terra por causa do pão repartido. E todos davam glória, glória a Deus. Glória, glória, glória a Deus. Batiam palmas para o céu, batiam palmas para a terra. Palmas para um tempo sem guerra.

✛ Reflexão pessoal

Todos comeram e ficaram saciados;
ainda recolheram pedaços que sobraram. Mt 15,37

Anistia

12
JULHO

Quero o céu aqui na terra, mas não tenho ilusão: o mistério não se encerra com qualquer revolução. Quero a morte da cobiça e a vitória sobre o mal, quero o fim das injustiças, quero o mundo mais igual. Quero o mundo libertado, sem caminhos de opressão. Quero o rico angustiado com a fome dos irmãos. Quero o pobre interessado no seu próprio bem-estar, mas sem ódio ou revoltado e sem ganas de matar. Quero ver a minha gente dar valor ao verbo ser. Quero ver meu continente repartindo o verbo ter. Quero as ideologias respeitando a dissensão. Quero ver as utopias assentando os pés no chão. Pois entendo que é preciso caminhar sem desenganos e chegar sem prejuízo de qualquer direito humano.

♣ Reflexão pessoal

Com justiça julgará os necessitados
e defenderá o direito dos pobres. Is 11,4

13 JULHO

Um depois daqui

De tanto ver a maldade vencer, de tanto ver a injustiça crescer, existe gente que desanimou. Mas, graças a Deus, eu sei que existe um depois daqui, que a vida não é só isso, começa e termina em ti. A força da tua lei me segue por onde eu for. Eu tenho este compromisso de anunciar teu amor. Mas, graças a Deus, eu sei que existe um depois daqui, que a vida não é só isso, começa e termina em ti. A força da tua lei me segue por onde eu for. Eu tenho este compromisso de anunciar teu amor.

❤ Reflexão pessoal

Minha alma guardou tuas normas
e muito as amou. Sl 119,167

Chorar como Jesus chorou

14 JULHO

Uma leitura dos evangelhos sobre a ótica da justiça e da misericórdia mostra um Jesus que sabia usar da justiça de forma certa, e da misericórdia, com as pessoas que realmente precisavam dela. Os fingidos e aproveitadores da fé ou da política não tinham vez com ele. Chamava-os de sepulcros caiados e hipócritas. Mateus, no capítulo 23, mostra a ira justa de Jesus contra os que se apossaram do poder e da religião para oprimir o povo. Mas, em outras passagens, vemos Jesus cheio de perdão e de misericórdia. Justiça contra quem pretende continuar injusto, perdão para quem pretende mudar de vida. Jesus deixa sua paz como herança, mas não a paz distorcida do mundo. Sua paz era feita de misericórdia.

✚ Reflexão pessoal

Sede misericordiosos
como vosso Pai é misericordioso. Lc 6,36

15 JULHO

Pássaros feridos

Como um pássaro ferido, vai o povo oprimido desfiando a sua dor que dói demais. Entre preces e gemidos, sem se dar como vencido, vai lutando pelo chão, pela casa e pelo pão, para mudar a situação, para poder viver em paz. E o que é que vai fazer a juventude pelos pobres do país. O que é que vai fazer a juventude, se quiser que o povo seja mais feliz. Somos pássaros feridos, esmagados e oprimidos, carregando nossa cruz que dói também. Entre preces e gemidos, caminhamos mais unidos, lutaremos pelo chão, pela casa e pelo pão, pela vida dos irmãos, pela paz que ainda vem. É o que faz e vai fazer a juventude pelos pobres do país. É o que faz e vai fazer a juventude para ver a sua gente mais feliz.

♣ Reflexão pessoal

Deus enxugará toda lágrima de seus olhos. Ap 7,17c

Ao país dos meus sonhos

16
JULHO

Sem ladrões a nos tirarem os frutos do nosso suor. Sem ladrões a desviarem os bens que o meu povo juntou. Sem bandidos e assassinos pondo em risco as nossas vidas. É o país dos meus sonhos, é o meu país libertado; este é o meu país resgatado que eu sonho rever. Já fomos bem mais fraternos, e mais vizinhos e amigos, e muito mais solidários. Já não somos o mesmo país! Quero de volta o país dos meus sonhos, mais cheio de rostos risonhos. De volta o país solidário que eu conheci em criança, de volta o país da esperança. De vizinhos que se conheciam, de vizinhos que se reuniam, de vizinhos que se protegiam.

♣ Reflexão pessoal

Salva-nos, Senhor, porque faltam os homens bons; porque são poucos os fiéis! Sl 12,1

17 JULHO

Um sonho a mais

Um sonho a mais, eu quero um sonho a mais. Um sonho a mais, eu hei de perseguir e espero em Deus que hei de conseguir. Faz parte do meu eu viver de esperança. Um sonho a mais não custa imaginar. Um sonho a mais, não custa vislumbrar. Eu tenho um sonho a mais que as coisas mudarão. E que eu serei feliz, assim como eu sonhei. Um sonho a mais, eu quero um sonho a mais. Um sonho a mais, eu hei de acalentar e espero em Deus que hei de lá chegar. Faz parte do meu eu essa perseverança. Um sonho a mais, não custa renovar. Um sonho a mais, não custa restaurar. Eu tenho um sonho a mais: que a paz enfim virá! E que eu serei feliz, assim como eu sonhei.

♣ Reflexão pessoal

Bem-aventurados os puros de coração, porque esses verão a Deus. Mt 5,8

Quero ser um fazedor da paz

18
JULHO

Quero ser um servidor da paz, embora eu saiba que ela vai doer. Reconheço que eu não sou capaz de fazer a paz como ela deve ser. Vai doer, eu sei que vai doer, não se faz a paz sem nenhum sofrer. Vai haver espinho ao longo do caminho, mas eu decidi que é assim que tem que ser. Quero ser um servidor da paz, embora eu saiba que ela vai pesar. Muitas vezes hei de me curvar, mas a tua graça vai me ajudar. Quero ser um outro Cireneu, que não queria, mas levou a cruz no caminho; ele entendeu que se fez parceiro do Senhor Jesus.

♣ Reflexão pessoal

Obrigaram um certo Simão Cireneu
a carregar a cruz. Mc 15,21

19 JULHO

Valores

Ao conjugar o verbo ser, ao repartir o verbo ter, ao declinar o meu querer, foi que aprendi a dar valor à vida. Ao ajustar meu coração, ao corrigir a direção, ao estender a minha mão, foi que aprendi a dar valor à vida. Quando aprendi a perguntar, a questionar e a me calar, foi que aprendi a dar valor à vida. Ninguém aprende nada, se não se despojar, se não se esvaziar, não se desinstalar para que o amor possa chegar e encontre espaço para ficar. Quem passa a vida inteira fazendo coleção de amores passageiros, buscando pôr a mão em tudo que o dinheiro conseguir, não pode ser feliz. Não pode conjugar o verbo ser, não pode repartir o verbo ter, não pode declinar do seu querer, não pode ser feliz.

✚ Reflexão pessoal

Mas quem não se apega a sua vida neste mundo, ganhará a vida eterna. Jo 12,25

Quando o povo sonha

20
JULHO

Dai-nos terra, pão e teto e liberdade. Dai-nos, Pai, o essencial para viver. Dai-nos paz, amor, ternura e unidade. Dai-nos força para lutar e para vencer! O sonho que a gente sonha utopia pode ser, mas quem olha para mais longe, logo, logo vai saber. Que, se um povo inteiro sonha, faz a paz acontecer. Que, se um povo inteiro sonha, faz a paz acontecer. O sonho que a gente sonha utopia pode ser. Mas quem olha para mais longe, logo vai saber. Que, se um povo inteiro sonha, faz a paz acontecer. Amém!

✚ Reflexão pessoal

_____
_____
_____
_____
_____
_____
_____
_____
_____
_____
_____
_____
_____

O Senhor, realmente, fala de paz a seu povo
e a seus fiéis. Sl 85,9

21 JULHO

De novo eu penso em Deus

De novo eu penso em Deus, de novo eu penso em Jesus Cristo, e novamente volto a ser quem sou. Sou um homem livre, faço mil perguntas, ouço as mil respostas que o amor me dá. Creio nas crianças e na juventude, sei das injustiças que esta vida traz; choro, enxugo a lágrima e vou falar de paz. [...] Sei das maravilhas que a ciência faz, mas eu creio é no poder de quem me traz a paz. Guerra e violência, ódio mais profundo, lucro sem limite, morte e ambição. Meia humanidade vai dormir com fome e a juventude pede solução; cedo ou tarde ela virá, Deus nos quer irmãos. De novo penso em Deus, de novo eu penso em Jesus Cristo e novamente volto a ser quem sou.

❖ Reflexão pessoal

Meu auxílio vem de junto do Senhor. Sl 121,2b

Vislumbrei um novo Reino

22
JULHO

Vislumbrei um novo Reino, mas não vi o Reino que sonhei. Me mostraste as perspectivas de um Reino solidário, onde todos são por um, onde todos são por todos, onde os pobres são amados e quem sofre é bem cuidado. Onde os bens são partilhados, onde o verde é cultivado, nada é desperdiçado, principalmente as pessoas. Tu me mostraste o teu Reino dos Céus. Onde todos são por um, onde todos são por todos, onde os pobres são amados e quem sofre é bem cuidado. Onde os bens são partilhados, onde o verde é cultivado. Nada é desperdiçado, principalmente as pessoas. Tu me mostraste o teu Reino dos Céus.

✚ Reflexão pessoal

O Senhor Deus me escolheu
para levar boas notícias aos pobres. Is 61,1

23 JULHO

Espiritualidade conciliadora

Apaziguar é dom que vem do céu. Os pacificadores, os que vivem a serviço do diálogo, os que fazem de tudo para achar valores nos outros e descobrir as razões de cada pessoa, os que tentam relevar, perdoar, usar de misericórdia, todos eles vivem uma espiritualidade conciliadora. São mediadores, suavizadores, apaziguadores. Nem por isso deixam de tomar suas posições firmes, se caso exigir tal atitude. [...] Que os pais busquem a espiritualidade conciliadora. Façam como os semáforos que permitem, alertam e proíbem! Administrar conflitos é dom de Deus. Caso não consiga, ore ou peça orações e entregue a Deus a pessoa ou as pessoas em conflito. Há casos que só Deus consegue suavizar. Quem vive de semear conflitos, discípulo de Jesus é que não é!

✚ Reflexão pessoal

Consideremos como estimular-nos, uns ao outros, ao amor e às boas obras. Hb 10,24

Canção de reagir

24
JULHO

Cantar uma canção que leve o povo a reagir. Cantar uma canção que leve o povo a contemplar. Cantar uma canção que leve o povo a se ajudar. Foi isto que me trouxe a este microfone. Aedo e trovador, cantor religioso eu sou. Eu canto a dor do povo, também as esperanças e a perplexidade dos casais. Eu canto para a família, eu canto para os filhos, eu canto para os avós e para os pais. Se me permitem, cantarei Palavras que não passam, se me permitem, cantarei Palavras que não passam. Cantar uma canção que leve o povo a reagir. Cantar uma canção que leve o povo a contemplar. Cantar uma canção que leve o povo a se ajudar. Se me permitem, cantarei Palavras que não passam.

♣ Reflexão pessoal

Nós cantaremos um hino de louvor
por causa daquilo que o Senhor, nosso Deus, fez. Is 61,10

25 JULHO

Oração dos pobres sem voz nem vez

Pai nosso, gritamos o teu nome! Pai nosso, teu povo passa fome. Trabalha a terra para jogar uma semente, espera a chuva e a chuva não cai. O sol é quente, espera açude que não sai. O gado morre, não tem nada para comer; a gente fica de teimoso até morrer. E se a fome não mata, machuca demais. Quando não chove, a gente muda para a cidade, procura emprego, mas não tem. A filharada passa fome de verdade [...]. A gente vive de saber sobreviver, vive de teimoso até morrer. [...] A gente se esconde então em uma periferia e pede justiça, mas ela não vem. A gente cansa de esperar um novo dia... a gente grande não tem nada para fazer, a criançada não tem nada para comer; se esta vida não mata, machuca demais.

♣ Reflexão pessoal

Vocês não defendem os direitos dos pobres
nem as causas dos necessitados. Is 10,2

Não é justo

26
JULHO

Não é justo e é pecado ter demais como tu tens, se trabalhas quase nada e sacias-te de bens. E um irmão que se consome e passa os dias tendo fome, porque um outro tem demais [...]. Acontece que há pobres que se matam pela vida e recebem de salário o que tu gastas em bebida. E o que gastas em cigarro, festas, roupas, diversão, quem te serve não recebe nem sequer para leite e pão. Não é justo e é pecado esbanjar no dispensável, quando aqueles que te ajudam levam vida miserável. É melhor fazeres isto com ternura de cristão para não teres de fazê-lo pela dura imposição. [...] Não te esqueças que Jesus falou tudo isso e muito mais; se o dinheiro te escraviza, no seu céu não entrarás.

✚ Reflexão pessoal

Um rico entrará com dificuldade no Reino dos Céus. Mt 19,23

27 JULHO

Ninguém se importa com eles

Ninguém se importa com eles, exceto alguns que te amam. Ninguém se importa com eles, exceto quem ouviu tua voz. Estão nas ruas, nos viadutos, e nos bueiros e nos matagais. Nos alagados, ou nas favelas, morrendo em filas de hospitais. Estão enfermos e às vezes drogados, ou desempregados, estão sem ninguém. Muda o meu jeito, meu jeito de crer. Alguma coisa por eles preciso fazer. Muda o meu jeito, meu jeito de crer. Alguma coisa por eles preciso fazer.

✚ Reflexão pessoal

O jejum que me agrada é que [...] recebam
os pobres que estão desabrigados. Is 58,7b

Se as Igrejas se calarem

28
JULHO

Trabalhadores com fome, pais de família sem trabalho. Menores abandonados, erotismo contra a infância, violência na TV, nudismo por toda parte. Tortura, roubo e sequestro, corrupção nos governos. Gente sem terra e sem teto, crianças fora da escola. Hospitais desativados, doentes não atendidos. Chacinas e genocidas, guerras por causa de terra. Fanatismo religioso, trabalho escravo no campo, salário quase de fome. Impostos e juros altos demais, neoliberalismo em alta. Adolescentes que matam, adultos que vendem droga. Aborto legalizado, colonos assassinados. Se as Igrejas se calarem, as Igrejas pecarão. Não é possível pregar o Evangelho sem pregar a justiça e os direitos humanos.

✿ Reflexão pessoal

Tratem os outros com justiça;
socorram os explorados. Is 1,17a

29 JULHO

Nênia por um povo ferido

É teu povo que não sabe mais o que fazer, já não sabe mais a quem seguir. Enganado, injustiçado e sem ninguém. Confiou e foi traído pelos grandes. Tem piedade de nós, Senhor! Tem piedade do teu povo! Confiamos e mentiram para nós. Manda-nos profetas, manda gente honesta, manda novos líderes, Senhor! Estes de agora não nos amam. É teu povo que não sabe mais o que esperar, já não sabe mais em quem votar. Trapaceado e explorado e sem ninguém, confiou e foi traído lá nas urnas. Tem piedade de nós, Senhor! Tem piedade do teu povo. Confiamos e mentiram para nós. Manda-nos profetas, manda gente honesta. Manda novos líderes, Senhor!

✠ Reflexão pessoal

Ai de vocês que fazem leis injustas,
leis para explorar o povo! Is 10,1

Doce abandono

30
JULHO

Doce abandono, doce religião acreditar que este mundo tem dono e que somos irmãos. Acreditar na justiça e na paz, mesmo quando a mentira parece vencer. Eu me abandono no Espírito Santo e começo a entender. Forte é quem grita sem ódio e sem medo a verdade maior. Forte é quem nunca abandona a ternura nem mesmo na dor. Forte é quem morre, mas não admite matar. É forte a semente que morre, mas morre para ressuscitar.

✚ Reflexão pessoal

Se o grão de trigo caído na terra morrer,
produz muito fruto. Jo 12,24

31 JULHO

Justiça e paz

Justiça e paz se abraçarão! Cordeiro e lobo se encontrarão, nas mesmas águas, sem se estranhar. Vai ser assim, quando chegar de Deus o Reino. Justiça e paz se abraçarão e ninguém mais vai passar fome. E até seu nome respeitarão. Vai ser assim, assim será. Naquele dia, Deus mostrará que a humanidade era capaz de conviver em santa paz. Em santa paz, fraternalmente, justiça e paz se abraçarão. Ninguém será diminuído nem excluído daquele pão. Naquele dia, assim será: o mundo inteiro se abraçará em toda parte, gente a dançar. Vai ser assim, gente a cantar, gente a cantar mil melodias que até o céu repetirá. De tanta paz, naquele dia de alegria, se chorará.

✚ Reflexão pessoal

O amor e a fidelidade se encontrarão;
a justiça e a paz se abraçarão. Sl 85,11

AGOSTO

CANÇÕES QUE TOCAM A ALMA

José Fernandes de Oliveira, mais conhecido por Pe. Zezinho, religioso presbítero dehoniano, completa 80 anos. Podemos dizer que ele representa o que de mais criativo e ousado tivemos e ainda temos de composições musicais formativas e litúrgicas, pois suas canções, até hoje, traduzem sentimentos, fé e um testemunho educativo evangelizador de grande profundidade.

Como muitos da minha geração, fomos marcados pelos cantos que ecoavam nas pequenas comunidades, capelas e grandes igrejas. Pessoalmente, sou grata a Deus por ter conhecido o Pe. Zezinho e partilhado de muitos momentos de sua caminhada, além das suas produções musicais, no cultivo da amizade, no compromisso da pastoral e animação da Vida Consagrada.

Pe. Zezinho surgiu bastante jovem, quando o movimento da "Jovem Guarda" estava começando no Brasil. Ele foi a versão genuína católica da música para jovens, adultos e, inclusive, crianças, tal era sua versatilidade em compor, sempre movido pela Palavra de Deus, ajudando a refletir sobre os sentimentos de Jesus, "amar, viver, sentir, sorrir, servir como Jesus".

Aliás, a produção musical do Pe. Zezinho é eminentemente bíblica, exatamente em uma época em que o Concílio Vaticano II estava em plena concretização no Brasil e na América Latina. Músicas sobre família contribuíram imensamente para a pastoral familiar.

Não posso deixar de mencionar a beleza de textos e canções marianas que marcaram a religiosidade popular no Brasil. É impossível ir ao Santuário de Aparecida e não cantar de forma quase impulsiva "vim visitar aquela que chamam Senhora de Aparecida". É, posso dizer, um hino de louvor e beleza produzido pela mente iluminada e mariana do Pe. Zezinho.

Seus 80 anos coroam décadas de serviços à Igreja do Brasil. Religioso presbítero coerente, livre, comprometido com o carisma dehoniano e cheio de afeto pelo povo de Deus. A CRB louva a Deus por este homem religioso de fé e deseja que ele continue com saúde, lucidez e determinação, sempre pronto a dar razão da própria esperança (cf. 1Pd 3,15).

Ir. Maria Inês Vieira Ribeiro, mad
Presidente da Conferência dos Religiosos do Brasil (CRB)
Consultora da Congregação para os Institutos de Vida Consagrada e
das Sociedades de Vida Apostólica

OS VOCACIONADOS NO CAMINHO DO REINO

Há inúmeros testemunhos de pessoas que foram despertadas para a vocação religiosa ou sacerdotal escutando uma canção do Pe. Zezinho, scj. Outros tantos assumiram o matrimônio alimentando-se de conteúdos sobre a vida a dois, em seus livros e ou canções. Muitos se tornaram pais, mães, consagrados, consagradas, padres, catequistas, leigos comprometidos com a vocação cristã, renovando o seu "sim" a cada dia. Todos somos chamados, vocacionados à vida cristã, e cada pessoa responde à vocação específica para a qual Deus a chama. E você, já disse o seu "sim" a Deus? Como você vive a sua vocação? Deus nos ama e nos chama, mas a decisão é sua!

1 AGOSTO

Vocação

Se ouvires a voz do vento, chamando sem cessar, se ouvires a voz do tempo, mandando esperar, a decisão é tua, a decisão é tua. São muitos os convidados, quase ninguém tem tempo, quase ninguém tem tempo. Se ouvires a voz de Deus, chamando sem cessar, se ouvires a voz do mundo, querendo te enganar, a decisão é tua, a decisão é tua. São muitos os convidados, quase ninguém tem tempo, quase ninguém tem tempo. O trigo já se perdeu, cresceu, ninguém colheu, e o mundo passando fome, de paz, de pão e de Deus. A decisão é tua, a decisão é tua.

♣ Reflexão pessoal

Porque ele é nosso Deus...
Ah se escutásseis hoje sua voz! Sl 95,7

Mais, mais, mais

2 AGOSTO

O Senhor me escolheu e me mandou profetizar. Não gritou nos meus ouvidos, não mandou nenhum bilhete nem telefonou. Não pôs carta no correio, não mandou nenhum e-mail, nem telegrafou. Não me disse por um anjo, não mandou nenhum arcanjo, não me apareceu. Não bateu na minha porta, não entrou pela janela, mas me escolheu. Deus me elegeu, Deus me convidou, Deus me convocou. Como é que eu sei que me chamou, se não me disse nem falou, nem sequer me apareceu. Vi que Deus chamava com os olhos do meu coração. Ouvi meu Deus falar pelos ouvidos do meu coração. Senti que Deus chamava quando eu vi a dor do povo. Senti que Deus falava quando ouvi a minha Igreja. E o coração querendo mais, mais, mais. E o coração querendo a paz.

✚ Reflexão pessoal

Jesus ficou tomado de compaixão por eles. Mc 6,34

3 AGOSTO

Não diga não a Deus

Buscando a felicidade e um pouco de paz na Terra, tem gente que faz a guerra, em vez de fazer a paz. E é triste, mas é verdade que até quem já foi chamado e põe sua mão no arado, por vezes, olha para trás. O tempo que não perdoa, até fala de eternidade, e pede a sinceridade de ouvires a voz do Senhor. Não deixes que fale à toa, nem finjas que não ouviste que a vida é vazia e triste para quem não arrisca no amor. Não digas não a Deus, mesmo que doa, não digas não. Quando é teu Deus quem fala, meia resposta não vai valer. Não digas não nem talvez; é do que tu disseres que vais depender. Não digas não a Deus, mesmo que doa, não digas não.

✚ Reflexão pessoal

Quem olha para trás
não é apto para o Reino de Deus. Lc 9,62

Deus me ama

4 AGOSTO

Deus espera mais em mim do que eu espero nele. Deus me ama! Confia mais em mim do que eu confio nele. Deus me ama! Comunica-se comigo e não se afasta do meu lado. Deus me chama! Mesmo quando eu não respondo e não entendo o seu chamado, Deus me ama! Deus não sabe não amar. Deus não sabe não chamar. Seu amor nos chama toda hora. Seu amor é vocação. Deus me chama todo o tempo, a cada dia, toda hora. Deus me ama! Não me deixa e não me esquece, quer me ouvir, não vai embora. Deus me ama! Não me sopra nos ouvidos e parece que se esconde. Deus me chama! Acendeia meu caminho de sinais e me responde. Deus me ama! Deus não sabe não chamar. Seu amor nos chama toda hora. Seu amor é vocação.

♣ Reflexão pessoal

E aqueles que predestinou,
também os chamou... Rm 8,30a

5 AGOSTO

Quando tu nos envias

Quando tu chamas alguém para falar do teu Filho, é outra voz que nos mandas para nos convocar, pois, neste alguém a quem chamas, há a chama e o brilho que o coração do teu Filho irradiava ao falar. Quando tu chamas alguém para levar teu recado a este mundo cansado do mal que o mal faz, pois neste alguém há mais um sonho sofrido e arriscado, crias mais um missionário a serviço da paz. Hoje é a nós que tu chamas e também chamas a mim. Chamas porque tu nos amas e o teu amor é sem fim. Por isso eu digo que sim. Sim, eu irei, eu irei, não vivo mais para mim. Do teu amor, ó Senhor, da tua paz viverei!

✚ Reflexão pessoal

*Deus nos salvou e chamou,
com chamamento santo. 2Tm 1,8b*

Coincidências

6
AGOSTO

Certos dias eu sou igual a Jeremias. Outras vezes eu sou pior que Simão Pedro, que às vezes tinha medo. Tu me dizes: "Vem para cá, vai para lá, irás profetizar". E eu respondo: "Há, há, meu Senhor", fingindo ser menino que não sabe o que falar. Tu me falas de sofrer, de morrer, e queres me servir. E eu respondo: "Não, meu Senhor. Não fales destas coisas que eu não quero nem te ouvir". Há, há! Igual a Jeremias, eu preciso obedecer. Há, há! Igual a Simão Pedro, eu tenho muito que aprender. Muitas vezes eu vou para onde o vento leva, mas um dia irei para onde me mandares. Se disseres: "Vem aqui, vai ali, transmite a minha paz", eu direi que sim, sim, sim, meu Senhor. Apanho meu arado sem sequer olhar para trás.

✣ Reflexão pessoal

Senhor, tu sabes tudo.
Tu sabes que eu te amo! Jo 21,17c

7 AGOSTO

Porque Deus me chamou

Esta manhã, mais uma vez, volto a rezar e a pedir tua luz. Sei que eu não sei continuar sem escutar tua voz que me diz que o Pai me ama, que ele me chama, para me fazer feliz. E eu vou percorrendo o caminho. E eu vou porque Deus é amor, porque Deus me chamou, porque Deus é amor. Hoje, talvez, mais uma vez, eu vou chorar e sorrir e pensar que eu nada sei do amanhã. Tudo que eu sei se resume em saber: que o Pai me ama, que ele me chama para me fazer feliz. E eu vou percorrendo o caminho. E eu vou porque Deus é amor, porque Deus me chamou, porque Deus é amor.

✣ Reflexão pessoal

Não fomos nós que amamos a Deus,
foi ele quem nos amou... 1Jo 4,10

Cantiga de sacerdote

8
AGOSTO

Eu não merecia, não, e ainda não mereço ser divulgador do céu; não merecia nem mereço. Reconheço que há milhões muito mais santos do que eu, mas teu amor me escolheu! Escondeste o teu tesouro neste cofre que sou eu; acontece que de barro eu sou! Sou quebradiço, meu Senhor. Por causa disso, meu Senhor: conserta o que eu quebrar; perdoa se eu errar; corrige se eu falhar, mas não me deixes, não me deixes me afastar do teu chamado! Teu povo sofre, meu Senhor; por causa dele, meu Senhor, me inspira o que dizer, me mostra o que fazer, me ensina como ser, mas não me deixes, não permitas que eu me afaste do seu lado.

✚ Reflexão pessoal

Temos este tesouro em vasos de barro... 2Cor 4,7a

9 AGOSTO

Há um barco esquecido na praia

Há um barco esquecido na praia, já não leva ninguém a pescar. É o barco de João e Tiago, que partiram para não mais voltar. Quantas vezes em tempos sombrios, enfrentando os perigos do mar, barco e rede voltavam vazios, mas os dois precisavam pescar. Quantos barcos deixados na praia; entre eles o meu deve estar. Era o barco dos sonhos que eu tinha, mas eu nunca deixei de sonhar. Quantas vezes enfrentei o perigo, Jesus Cristo remava comigo, eu no leme, Jesus a remar. De repente me envolve uma luz e eu entrego o meu leme a Jesus. É preciso pescar diferente, que o povo já sente que o tempo chegou. E partimos para onde ele quis; tenho cruzes, mas vivo feliz. Há um barco esquecido na praia!

✞ Reflexão pessoal

Eles, deixando imediatamente a barca e seu pai, o seguiram. Mt 4,22

Oração pela messe

10 AGOSTO

Poucos os operários, poucos os trabalhadores, e a fome do povo aumenta mais e mais. És o Senhor da messe, ouve esta nossa prece: põe sangue novo nas veias da tua Igreja. Falta pão porque falta trigo. Falta trigo porque não semeiam e faltam semeadores porque ninguém foi lá fora chamar. Falta fé porque não se ouve, não se ouve porque não se fala. E falta esse jeito novo de levar luz e de profetizar. Falta gente para ir ao povo, descobrir porque o povo se cala, pastores e animadores para incentivar o teu povo a falar. Falta luz porque não se acende, não se acende porque faltam sonhos. E falta esse jeito novo de levar luz e falar de Jesus. És o Senhor da messe, ouve esta nossa prece!

✢ Reflexão pessoal

Rogai, portanto, ao senhor da messe
que mande trabalhadores à sua messe. Mt 9,38

11
AGOSTO

Projetos

Eu tinha um plano de vida, onde era tudo previsto, mas o Senhor Jesus Cristo tinha os seus planos também. Na minha mente atrevida eu fabricava castelos, não aceitava palpites, não consultava ninguém. Eis que, porém, quando ele chegou de mansinho, foi pondo setas na estrada, fê-la tornar-se um caminho. Não foi apenas um sonho nem uma ideia qualquer: foi um chamado inquietante, insistente e constante que me fez dizer que sim! Que sim aos planos de Deus, que não aos planos que eu tinha. E agora, depois deste sim e depois deste não, eu entendo o que é ter vocação.

✚ Reflexão pessoal

Aqui estou eu. Envia-me a mim! Is 6,8b

O meu Senhor e eu

12
AGOSTO

O meu Senhor e eu, temos um trato especial. O meu Senhor cuida de mim, e eu cuido das coisas do meu Senhor. Eu tenho a minha fé, perfeita eu sei que ela não é, mas vou viver até o fim, cuidando das coisas do meu Senhor. Pois meu Senhor e eu temos um trato especial. Ele encheu minha vida de paz e de amor, e eu serei testemunha fiel, eu serei, das maravilhas que ele faz.

♣ Reflexão pessoal

Não tenhais medo,
vós valeis mais que muitos pardais. Mt 10,31

13 AGOSTO

Um coração para amar

Um coração para amar, para perdoar e sentir, para chorar e sorrir, ao me criar tu me destes. Um coração para sonhar, inquieto e sempre a bater, ansioso por entender as coisas que tu disseste. Eis o que eu venho te dar, eis o que eu ponho no altar; toma, Senhor, que ele é teu, meu coração não é meu. Quero que o meu coração seja tão cheio de paz que não se sinta capaz de sentir ódio ou rancor. Quero que a minha oração possa me amadurecer, leve-me a compreender as consequências do amor. Eis o que eu venho te dar, eis o que eu ponho no altar; toma, Senhor, que ele é teu, meu coração não é meu.

✝ Reflexão pessoal

Bem-aventurados os que trabalham pela paz,
porque serão chamados filhos de Deus. Mt 5,9

Há um barco a minha espera

14
AGOSTO

Há um barco a minha espera lá no cais e há um lugar naquele barco para mim. De mim depende o amanhã da minha paz, se paro agora ou se eu prossigo até o fim. Há um barco a minha espera lá no cais e não dá mais para adiar a decisão. O verbo é ir para ser feliz, porque isso aqui é transição, e, se eu não for, não sei o que será de mim. Doer eu sei que vai: o verbo ir carrega a dor. O porto que me espera tem faróis, mas tem escolhos, tempestades em qualquer lugar que eu for. Mas, se eu não for, não terei dado uma resposta ao meu Senhor. Há um barco a minha espera lá no cais e há um lugar naquele barco para mim.

✙ Reflexão pessoal

Vinde atrás de mim
e vos farei pescadores de homens. Mt 4,19

15 AGOSTO

Mulher Igreja

Eu te vejo tão jovem, tão cheia de vida, tão mulher como as outras mulheres da terra. Mas em ti qualquer coisa desperta atenção: deste a Deus o teu coração!
Tu podias sonhar como as outras mulheres; és mulher como as outras mulheres da terra. Mas buscastes o amor que tu viste na cruz, e juraste ser de Jesus. Eu te vejo tão frágil, tão forte de graça, mas o mundo te olha sem compreender; deste a Deus teu corpo e teu ser. Eu não sei quem tu és, nem recordo o teu nome. És mulher, és irmã, és amor, és Igreja. E se em ti qualquer coisa desperta atenção, seja Deus em teu coração. Igual Maria, igual a Marta, igual a Clara, igual Teresa. Igual Teresa, igual Clara, igual Maria, Mãe de Jesus!

✜ Reflexão pessoal

Deus olhou para a humildade de sua serva. Lc 1,48

Se tu nos amas

16
AGOSTO

Se tu nos amas, então nos chamas; amar é partilhar. Quem ama chama, quer atenção. Todo amor termina em vocação. Eu sei que fui chamado e sou chamado, vocacionado para fazer a paz. O que eu preciso é aprender bem mais sobre o jeito de fazer a paz. Eu sei que a minha vida é bem mais vida quando eu me sinto fazedor da paz. O que eu preciso é aprender bem mais sobre o jeito de fazer a paz. Se tu nos amas, então nos chamas; amar é partilhar. Quem ama chama, quer atenção. Todo amor termina em vocação.

♣ Reflexão pessoal

Ao entrardes em uma casa,
saudai com a paz. Mt 10,12

17 AGOSTO

Canção ao pé do matrimônio

Que não seja um momento fugaz, este santo momento. Que a partir desta hora feliz nenhum dos dois se arrependa. Que este amor, que de tão eficaz já virou sacramento, seja mais, cresça mais, brilhe mais, a cada nova estação. Que a luz de Jesus os ensine a brilhar, que a graça do Pai os ensine a sonhar. Que a graça do Espírito Santo, em seu lar, plante a paz e semeie a certeza. Haja pão e alimento em sua mesa, e, apesar dos pesares da vida, vocês nunca e nunca se cansem de amar.

✛ Reflexão pessoal

Sou eu a videira; vós os ramos.
Quem permanece em mim e eu nele, produz muito fruto. Jo 15,5

Entre o leito e o altar

18
AGOSTO

Entre o leito e o altar. Magno tema a ser abordado. Alguém mais erudito que eu deveria aprofundá-lo. São dois momentos de sacralidade, todos os dias renováveis. Leito e altar são sagrados, e nos dois alguém se imola em favor dos outros. O casal amoroso e fiel sabe o significado do leito e do altar. O religioso que se entrega à fé, para que todos cresçam, sabe o sentido da hóstia, da cruz. E nos dois chamados há renúncias. Se o motivo não for amor, nenhuma das duas consagrações realiza as vítimas nem as vítimas passam paz para os seus conquistados.

✚ Reflexão pessoal

Cada um tem de Deus o próprio dom,
um de uma maneira, e outro, de outra. 1Cor 7,7

19 AGOSTO

Continua, Senhor

Continua, Senhor, teu projeto de amor em mim. A criação não terminou, tu continuas criador. Continua, Senhor, do teu jeito a me construir. Barro que sou, terra que sou, as tuas mãos me moldarão. Sei que serei como queres que eu seja; um dia desses vou ser mais Igreja. Um dia desses me converterei, me converterei e então profetizarei. Continua, Senhor, insistindo em me questionar. Meu coração já entendeu, mas não consegue ser só teu. Continua, Senhor, não me deixes me acomodar, chama outra vez mais uma vez, já fui vencido pelo amor. Continua, Senhor, teu projeto de amor em mim.

✠ Reflexão pessoal

As ovelhas ouvem sua voz, e ele chama seu rebanho, cada ovelha por seu nome. Jo 10,3

Pela graça de Deus

20
AGOSTO

Pela graça de Deus sou aquilo que sou, leigo na Igreja, membro do corpo de Cristo Jesus. O caminho que agora eu ando nem sempre é fácil de andar. Mesmo assim sigo caminhando, certo de um dia chegar. Muitas vezes eu me pergunto onde o caminho vai dar. Mas, ao ver que Jesus vem junto, sigo esse meu caminhar. Sonho às vezes que sou fermento que faz a massa maior. Sou o sal que do alimento torna melhor o sabor. Outras vezes eu sou pequeno, pequena réstia de luz; meu caminho se faz sereno, dentro de mim vai Jesus. Sou pergunta que Deus responde, mas a resposta sou eu; sou cidade que não se esconde, eu sou o povo de Deus. Nem que demore, leigo na Igreja, povo de Deus ei de ser. Assim seja.

✚ Reflexão pessoal

Vós sois uma raça escolhida, um sacerdócio real, uma nação santa... 1Pd 2,9

21 AGOSTO

Foi Deus quem me chamou

Foi Deus quem me chamou, foi Deus quem me mostrou as possibilidades de eu poder ser muito mais. Muito mais de Deus, muito mais dos outros, muito mais eu mesmo. Foi Deus quem me chamou, foi Deus quem me enviou. Foi Deus quem me ensinou por meio de outros mestres a servir e ser irmão. Muito mais irmão, muito mais fraterno, muito mais dos outros. Foi Deus quem me enviou, foi Deus quem me chamou. Foi Deus quem me enviou por meio dessa Igreja a cultivar o dom da paz. Sempre com Jesus, sempre com Jesus, cada vez mais livre. Foi Deus quem me chamou.

✚ Reflexão pessoal

Tudo coopera para o bem daqueles que amam a Deus, daqueles que são chamados. Rm 8,28

Somos todos catequistas

22
AGOSTO

Somos todos catequistas repercutindo Jesus, o que ele fez, o que ele viveu, o que ele ensinou. Como velas acesas, passamos a luz que Jesus nos deu. Vivemos de repercutir a luz do Senhor Jesus. Somos todos catequistas repercutindo Jesus, o que ele fez, o que ele viveu, o que ele ensinou. Como velas acesas, passamos a luz que Jesus nos deu. Vivemos de repercutir a luz do Senhor Jesus. Somos todos catequistas repercutindo Jesus.

✚ Reflexão pessoal

_____
_____
_____
_____
_____
_____
_____
_____
_____
_____
_____
_____
_____
_____

Que vossa luz brilhe, para que, vendo vossas boas ações, os homens glorifiquem vosso Pai. Mt 5,16

23 AGOSTO

Quando me chamaste

Quando me chamaste, eu falei que tinha medo. Quando me enviastes, eu falei que tinha medo. Medo, meu Senhor, de não corresponder. Me tranquilizaste ao contar-me teu segredo. Já disse a tantos que não tivessem medo, quando tu nos chamas, chamas para valer. Vais chamando sempre e vai dando os instrumentos, junto a mil sementes que nos manda semear. Só não vais comigo, se eu teimar em ir sozinho. Do vocacionado és a verdade e o caminho, não abandonas a quem tu chamas. Irás comigo se contigo prosseguir. Se for difícil prosseguir, teus passos darás um jeito de conduzir.

✚ Reflexão pessoal

Das minhas intimidações, libertou-me. Sl 34,5

O Senhor me abençoou

24
AGOSTO

Meu Senhor não perguntou se eu queria o seu amor, simplesmente me amou, simplesmente me amou. Meu Senhor não consultou que projetos tinha eu. Simplesmente me escolheu, simplesmente me escolheu. Eu não quero me esquecer de que o Senhor me abençoou, tenho muito o que aprender. Meu Senhor foi quem mandou: "Vai falar do meu amor, vai profetizar". Meu Senhor não perguntou se eu queria a sua cruz. Simplesmente a carregou, simplesmente a carregou. O Senhor não esperou que eu lhe respondesse sim. Simplesmente se entregou e na cruz morreu por mim. Eu não quero me esquecer de que o Senhor me abençoou. Tenho muito o que aprender. Meu Senhor foi quem mandou: "Vai falar do meu amor! Vai profetizar".

✝ Reflexão pessoal

_____
_____
_____
_____
_____
_____
_____
_____
_____
_____
_____
_____
_____
_____

Assim como tu me enviaste ao mundo,
também eu os enviei ao mundo. Jo 17,18

25 AGOSTO

Irmãs do povo

As irmãs dos hospitais, as irmãs da catequese, as que cuidam das escolas e as da comunicação. As que cuidam das crianças, as que cuidam dos velhinhos, as que saem pelo bairro visitando os pobrezinhos. Cheias de zelo e servas do Senhor em cada rosto que elas servem, estão vendo uma das faces do amor. Deus seja louvado pelo seu cansaço, pelo seu sorriso, pelo seu abraço, pelo seu trabalho feito com amor! Trabalham tanto que precisam roubar tempo para o louvor. Deus nos mande outras milhares que sonhem em ser irmãs, irmãs do povo, povo do Senhor.

♣ Reflexão pessoal

Não temais! Ide anunciar aos meus irmãos
que se dirijam à Galileia, ali me verão. Mt 28,10

Fui, sou e sempre serei chamado

26
AGOSTO

Existe um Deus que me ama e me chama. E chama a mim e a todos os seres vivos, para que respondamos, cada um do seu modo e com seus limites. Responder é a nossa vocação primeira. Fui chamado a ser, a viver, a conviver, a crescer, a compreender, a servir, a criar, a ajudá-lo a melhorar o mundo. [...] Fui e sou constantemente chamado a fazer escolhas, a partilhar, a construir, a aperfeiçoar vidas e coisas, a crer em Deus, no ser humano e no futuro, a ser perfeito e a buscar o melhor em tudo, não para mim, e sim para toda a comunidade. Fui, sou e serei chamado à santidade, à pureza e à esperança. Fui, sou e permaneço chamado a ser Igreja, a fazer a história e a viver o martírio do cotidiano.

✚ Reflexão pessoal

*Cada um permaneça na vocação
na qual foi chamado. 1Cor 7,20*

27 AGOSTO

A dor do Reino

Doeu demais a dor do Reino de Deus. A dor do Reino de Deus é feita de amor, é feita de paz. A dor do Reino de Deus é feita de luz, é feita de cruz, é feita de não compactuar. Eu senti a dor do Reino quando eu fui te procurar. Eu senti a dor do Reino quando eu fui te escutar. Eu senti a dor do Reino quando eu ouvi o teu chamar. Eu senti a dor do Reino quando a tua voz eu ouvi. Eu senti a dor do Reino quando eu me liguei a ti. Eu senti a dor do Reino, senti a dor do Reino, quando eu me comprometi. Doeu demais a dor do Reino de Deus. A dor do Reino de Deus é feita de amor, é feita de paz. A dor do Reino de Deus é feita de luz, é feita de cruz, é feita de não compactuar.

♣ Reflexão pessoal

Completo em minha carne
o que resta nas aflições do Cristo. Cl 1,24

Deus nos elegeu

28
AGOSTO

A participar do seu mistério, Deus nos elegeu. Era vocação. Coração que leva Deus a sério, logo respondeu, nunca diz que não. Respondeu que sim, mas ele disse ao seu Senhor: "Tenho medo de não entender, de não corresponder ao teu amor". Mas o meu Senhor falou: "Vai lá! Se te chamei, não te abandonarei". Só não dá certo se você quiser parar. Da minha parte eu nunca deixo de amar. Deus me elegeu, Deus me quer. Agora é minha vez de corresponder. A participar do seu mistério, Deus nos elegeu. Era vocação. Coração que leva Deus a sério, logo respondeu, nunca diz que não. Respondeu que sim.

✚ Reflexão pessoal

_____
_____
_____
_____
_____
_____
_____
_____
_____
_____
_____
_____
_____

Ele nos escolheu,
antes da criação do mundo. Ef 1,4a

29 AGOSTO

Cantiga de semeador

Eu não vivia a minha vocação, eu não sabia o que meu Deus queria do meu coração. Eu não sabia do poder de Deus. Eu não sabia o que meu Deus queria deste mundo meu. Porém, um dia o coração falou e me mandou para as ruas a profetizar. Sei muito bem que ainda sou ninguém, não sou profeta, mas vou semear. Quem parte semeando e a chorar, ao voltar com sorrisos colherá. Agora eu vivo minha vocação e sei também que pela minha frente existe muito chão; eu sei agora do poder de Deus. Agora entendo o que meu Deus pretende deste mundo meu. Profetizar no meio dos irmãos, lançar sementes e fazê-las despontar e cultivar as flores em botão. Ir caminhando e sempre semear.

✚ Reflexão pessoal

Os que semeiam com lágrimas
colherão com júbilo. Sl 126,5

30 AGOSTO

Oração pela Igreja

Que o povo seja forte na fé, apesar dos problemas, e saiba que os milagres virão quando a gente se organizar. Que saiba viver a verdade, juntos e em comunidade, seja feliz no que diz e naquilo que faz, seja forte na justiça e na paz. Que o nome de Jesus se torne cada vez mais nossa luz e nossa paz. Que o bispo seja como um pastor, que conhece as ovelhas. Que o padre seja um homem de paz a serviço do povo de Deus. Que todos os religiosos, todas as religiosas saibam viver de maneira que o povo fiel não se sinta abandonado por Deus. Que a Igreja saiba dialogar com o mundo em que vive, que saiba profetizar sem perder a ternura e a paz.

✚ Reflexão pessoal

Porque o manancial da vida está contigo;
em tua luz vemos a luz. Sl 36,10

31 AGOSTO

Oração de fim de século

Dá-nos a graça de ser batizados e batizadores; perdoados e perdoadores; iluminados e iluminadores. Filhos da luz e, com Jesus, fazedores da paz. Dá-nos graça de ser animados e animadores; inspirados e inspiradores; vocacionados, vocacionadores. Filhos da luz e, com Jesus, fazedores do bem. Evangelizados, evangelizadores; anunciadores da luz que vem da luz. Amados e amando, e anunciando Jesus; amados e amando e anunciando Jesus. Dá-nos a graça de ser batizados e batizadores; perdoados e perdoadores; iluminados e iluminadores.

✠ Reflexão pessoal

Não nos cansemos de fazer o bem. Gl 6,9

SETEMBRO

UM PADRE CATEQUISTA

Em quarenta anos de convivência na mesma congregação religiosa, cheguei à conclusão de que Pe. Zezinho, scj, é um padre catequista. Eu era um vocacionado de apenas 10 anos de idade, em 1975, quando fui impactado pelo disco falado: "O sonho de Joãozinho". Entrei no ano seguinte para o seminário, com meu violão na bagagem. Fiquei encantado com as quatro canções do compacto (o primeiro de sua carreira): "Canção da amizade". Cantava e tocava de cor: "Shalom", "Goteira" e, principalmente, "Você é meu irmão". Até hoje ecoa em meu coração o grito musical do jovem Pe. Zezinho: "Procuro alguém que cante comigo esta canção; que venha repartir comigo o coração".

Não imaginava que, quarenta anos depois, a história nos levaria a repartir a mesma rotina do dia a dia em nosso Conventinho, na cidade de Taubaté, onde vivo minha missão de professor e comunicador há mais de vinte anos. Durante todo este tempo reparto a canção, o coração, o pão e o feijão com esse meu confrade. Brigamos e brincamos muito. Dedico boa parte do meu tempo a classificar toda a obra literomusical desse gênio da catequese que conservamos no Memorial, Pe. Zezinho, scj.

Estamos diante de um desses talentos raros que aparecem somente a cada cem anos. É um vulcão de ideias. Se um AVC o impede de cantar, como acontece desde 2012, ele se reinventa e continua a compor assobiando. Perguntei o que o motivava a continuar diante de tantas dificuldades. Ele respondeu: "O rio sempre encontra o caminho do mar". Jamais esquecerei esta frase. No alto dos seus 80 anos, quase sem fluência digital, ele encontra todos os dias uma fresta nas redes sociais para depositar suas catequeses e poemas. Canta, mas não é cantor. Escreve, mas não se define como escritor. O eixo vital de Pe. Zezinho é repercutir a Palavra. Ou seja, vive para fazer eco do Evangelho: é um padre catequista!

Pe. Joãozinho, scj
Sacerdote dehoniano, professor, escritor, cantor e compositor

A PALAVRA DE DEUS NO CAMINHO DO REINO

"Que a Palavra de Deus tome conta de mim, mude o meu coração, seja para mim um caminho de luz." Com este desejo, Pe. Zezinho, scj, expressa a sua dependência e o seu amor à Palavra de Deus. Ela é a fonte de onde todos devemos buscar a água viva, a luz, a sabedoria para a caminhada, pois ela nos ensina, nos questiona, nos provoca. Não basta apenas ler, é preciso aprofundar, refletir, rezar, estudar a "Palavra" para que ela se torne vida em nós. É mais feliz quem ouve e põe em prática a Palavra de Deus!

1 SETEMBRO

Palavra certa

Dá-me a palavra certa, na hora certa e do jeito certo, e para pessoa certa. Dá-me a cantiga certa, na hora certa e do jeito certo, e para a pessoa certa. Palavra é como pedra, preciosa sim; quem sabe o valor cuida bem do que diz. Palavra é como brasa, queima até o fim; quem sabe o que diz há de ser mais feliz. Dá-me a palavra certa, na hora certa e do jeito certo, e para pessoa certa. Dá-me a cantiga certa, na hora certa e do jeito certo, e para pessoa certa. Palavra é como pedra, preciosa sim; quem sabe o valor cuida bem do que diz. Palavra é como brasa, queima até o fim; quem sabe o que diz vai levar a Palavra.

♣ Reflexão pessoal

A palavra certa, na hora certa,
é como um desenho de ouro feito em cima de prata. Pv 25,11

Súplica de ouvinte

2
SETEMBRO

Palavra da Salvação! Glória a vós, Senhor! Que a Palavra de Deus tome conta de mim, mude o meu coração, seja para mim um caminho de luz. Que a Palavra de Deus seja o meu ideal, toque a minha razão, faça de mim um irmão de Jesus! Feliz é quem ouve a Palavra, e mais feliz quem a faz. Filho da paz ele então será! Feliz é quem leva a Palavra e anuncia Jesus. Com Jesus Cristo ele um dia reinará! Feliz é quem ouve a Palavra, e mais feliz quem a faz. Filho da paz ele então será! Feliz é quem leva a Palavra e anuncia Jesus. Com Jesus Cristo ele um dia reinará!

✚ Reflexão pessoal

Felizes são aqueles que ouvem a Palavra de Deus e a observam. Lc 11,28

3 SETEMBRO

Tua Palavra é assim

É como a chuva que lava, é como o fogo que arrasa. Tua palavra é assim, não passa por mim sem deixar um sinal. Tenho medo de não responder, de fingir que não escutei. Tenho medo de ouvir teu chamado, virar do outro lado e fingir que não sei. Tenho medo de não perceber, de não ver teu amor passar. Tenho medo de estar distraído, magoado e ferido, e então me fechar. Tenho medo de estar a gritar e negar-te meu coração. Tenho medo do Cristo que passa e oferece uma graça e eu lhe digo que não. É como a chuva que lava, é como o fogo que arrasa. Tua palavra é assim, não passa por mim sem deixar um sinal.

✤ Reflexão pessoal

A palavra que sai da minha boca
não volta para mim sem fruto. Is 55,11

Tua Palavra, Senhor

4
SETEMBRO

Eu vim para escutar, tua Palavra, tua Palavra, tua Palavra de amor. Eu gosto de escutar, tua Palavra, tua Palavra, tua Palavra de amor. Eu quero entender melhor, tua Palavra, tua Palavra, tua Palavra de amor. O mundo ainda vai viver, tua Palavra, tua Palavra, tua Palavra de amor. Eu vim para escutar... eu gosto de escutar, tua Palavra, tua Palavra, tua Palavra de amor. Eu quero entender melhor... o mundo ainda vai viver, tua Palavra, tua Palavra, tua Palavra de amor.

✤ Reflexão pessoal

Não ardia o nosso coração quando nos falava no caminho
e nos abria as Escrituras? Lc 24,32

5 SETEMBRO

A Palavra que viemos partilhar

A Palavra do Senhor que viemos partilhar tem poder libertador, ela pode nos curar. Curar o corpo, curar a mente, curar um povo. Porque, quando a Palavra é de Deus, ela muda para valer. Proclamar a Palavra, cantar a Palavra! Pensar na Palavra! Fazer a Palavra acontecer: é nosso dever, é nosso dever. A Palavra do Senhor que viemos partilhar tem poder libertador, ela pode nos curar. Curar o corpo, curar a mente, curar um povo. Porque, quando a Palavra é de Deus, ela muda para valer.

✚ Reflexão pessoal

As palavras do Senhor são verdadeiras;
tudo o que ele faz merece confiança. Sl 33,4

Santo Livro

6
SETEMBRO

Santo Livro! Santo Livro! Louvado seja Deus por seus autores. Louvado seja Deus por seus leitores. Santo Livro! Santo Livro! Santo Livro que me ensina a contemplar. Santo Livro! Santo Livro! Santo Livro que me ensina a caminhar. Quem te lê com amor e com fé, Santo Livro, certamente viverá melhor. Quem te estuda querendo aprender, Santo Livro, saberá caminhar, saberá. Santo Livro! Santo Livro! Louvado seja Deus por seus autores. Louvado seja Deus por seus leitores. Santo Livro! Santo Livro que me ensina a contemplar, Santo Livro que me ensina a caminhar.

✣ Reflexão pessoal

Faze-me viver segundo a tua Palavra. Sl 119,25b

7
SETEMBRO

Quando chegou a Palavra

A Palavra do Senhor, quando chegou, desinstalou meu coração. Ao chegar, desafiou-me a exigir uma resposta de "sim" ou "não". É fácil dizer sim, é fácil dizer não, mas dói depois do sim e dói depois do não. A Palavra do Senhor, depois que ela passou, nada mais será do jeito que já foi. A Palavra do Senhor, quando chegou, desinstalou meu coração. Ao chegar, desafiou-me a exigir uma resposta de "sim" ou "não". É fácil dizer sim, é fácil dizer não, mas dói depois do sim e dói depois do não. A Palavra do Senhor, depois que ela passou, nada mais será do jeito que já foi.

✚ Reflexão pessoal

Que a mensagem de Cristo, com toda a sua riqueza,
viva no coração de vocês! Cl 3,16a

Lá vem vindo a Palavra de Deus

8 SETEMBRO

Lá vem vindo a Palavra de Deus! Vem falar do meu povo e do céu. Vem falar de justiça e de paz, ela vem. Lá vem vindo a Palavra de Deus! A Palavra de Deus é bonita, é bonita demais. Ela inspira o meu povo, ela agita, ela traz tanta paz. Há palavras demais neste mundo, nenhuma delas me libertará. Por viver entre crentes e ateus, ouvirei a palavra dos homens, mas seguir eu só sigo a Palavra de Deus. Lá vem vindo a Palavra de Deus! Vem falar do meu povo e do céu. Vem falar de justiça e de paz, ela vem. Lá vem vindo a Palavra de Deus!

♣ Reflexão pessoal

Se permanecerdes em minha palavra, sereis verdadeiramente meus discípulos. Jo 8,31

9
SETEMBRO

A força da Palavra

A Bíblia nos fala que a Palavra estava junto de Deus, e a Palavra era Deus (cf. Jo 1,1-2). Jesus de Nazaré é o verbo, em grego, *logos*, que significa "palavra". A Palavra de Deus se tornou homem e veio armar a sua tenda entre nós. Ou seja, Jesus é a Palavra de Deus. Ao fazer o encontro com esta Palavra, não é possível permanecer igual. Jesus tira-nos da zona de conforto, lança-nos para fora, ao encontro do outro, transforma a nossa vida. [...] O resultado deste encontro se reflete nas palavras do cotidiano. Elas ganham um sentido diferente e são fruto dessa relação com a verdadeira Palavra, porque, afinal, cada um de nós é chamado a ser sinal de Deus para o outro.

✤ Reflexão pessoal

Pela fé, compreendemos que o universo
foi formado pela Palavra de Deus. Hb 11,3

Palavras que não passam

10 SETEMBRO

Foi teu coração que me ensinou palavras que não passam. No teu coração coloquei o meu, minha religião vem de ouvir teu coração. Foi teu coração que me ensinou a fazer da vida uma esperança só. Sei que aprenderei se te ouvir falar, não me perderei se te ouvir com atenção. Palavras que não passam! Palavras que libertam! Palavra poderosa tem teu coração. Palavra por palavra, revelas o infinito, como é bonito ouvir teu coração. Palavras que não passam! Palavras que libertam! Palavra poderosa tem teu coração. Palavra por palavra, revelas o infinito, como é bonito ouvir teu coração.

✚ Reflexão pessoal

O céu e a terra passarão,
mas minhas palavras nunca passarão. Mt 24,35

11

SETEMBRO

Quais os caminhos da vida?

Quais os caminhos da vida? Qual dos caminhos seguir? Vai me levar para mais longe ou para mais perto de ti? Vai me levar para mais longe ou para mais perto de ti? Ouvir a Palavra eu quero e meu coração é sincero. Eu quero escutar meu Senhor e caminhar os caminhos do amor. Quais os caminhos da vida? Qual dos caminhos seguir? Vai me levar para mais longe ou para mais perto de ti? Ouvir a Palavra eu quero e meu coração é sincero. Eu quero escutar meu Senhor e caminhar os caminhos do amor. Eu quero escutar meu Senhor e caminhar os caminhos do amor.

✚ Reflexão pessoal

_____

_____

_____

_____

_____

_____

_____

_____

_____

_____

_____

_____

_____

_____

_____

Minhas ovelhas ouvem minha voz,
eu as conheço e elas me seguem. Jo 10,27

Palavras de salvação

12
SETEMBRO

Palavra de salvação somente o céu tem para dar, por isso meu coração se abre para escutar. Por mais difícil que seja seguir, tua Palavra queremos ouvir. Por mais difícil de se praticar, tua Palavra queremos guardar. Palavra de salvação somente o céu tem para dar, por isso meu coração se abre para escutar. Com Simão Pedro diremos também que não é fácil dizer sempre amém! Mas não há outro na terra e no céu mais companheiro, mais santo e fiel. Palavra de salvação somente o céu tem para dar, por isso meu coração se abre para escutar. Por mais difícil que seja seguir, tua Palavra queremos ouvir. Por mais difícil de se praticar, tua Palavra queremos guardar.

✚ Reflexão pessoal

Senhor, a quem iremos?
Só tu tens palavras de vida eterna... Jo 6,68

13 SETEMBRO

Tua Palavra nos encanta

Tua Palavra, Senhor, nos encanta e nos extasia. Tua Palavra, que é mil vezes santa, às vezes nos desafia. Eis que a levamos nas mãos e no coração, Palavra que veio de ti e agora se faz procissão. Recebe, Senhor, a Palavra que temos na mão. Penetre na mente do povo e no seu coração, e se torne alimento, sustento do coração. O teu povo tem fome, fome de paz e de pão. Tua Palavra, Senhor, nos encanta e nos extasia. Tua Palavra, que é mil vezes santa, às vezes nos desafia. Eis que a levamos nas mãos e no coração. Palavra que veio de ti e agora se faz procissão. Recebe, Senhor, a Palavra que temos na mão. Penetre na mente do povo e no seu coração, e se torne alimento, sustento do coração.

✚ Reflexão pessoal

Não só de pão vive o homem,
mas também de toda palavra que sai da boca de Deus. Mt 4,4

Uma Bíblia e uma cruz

14
SETEMBRO

Uma Bíblia na mão e uma cruz no meu peito são dois jeitos, são sinais. Sinais a dizer que há caminhos perfeitos. É questão de segui-los, são caminhos de paz! No peito uma cruz e uma Bíblia nas mãos, e no coração um sonho teimoso: gritar mil verdades de libertação. E, por mais difícil que seja, servir teu povo e seguir tua Igreja! Eu creio no gesto e no Verbo também, e no Deus que vem mostrar mil caminhos; eu creio em lutar por justiça e perdão. Uma Bíblia na mão e uma cruz no meu peito são dois jeitos, são sinais. Sinais a dizer que há caminhos perfeitos. É questão de segui-los, são caminhos de paz!

✚ Reflexão pessoal

Toda a Escritura Sagrada é inspirada por Deus e é útil para ensinar a verdade. 2Tm 3,16a

15 SETEMBRO

Orar a Palavra

Pensar a Palavra, sentir a Palavra de Deus. Interpretar a Palavra, viver a Palavra, antes de sair pregando! Foi assim que Jesus ensinou, é assim que eu desejo viver. Eis-me, Senhor, a pensar! Eis-me, Senhor, a orar. Eis-me querendo viver, eis-me querendo entendê-la! É assim a Palavra de Deus. Pensar a Palavra, sentir a Palavra de Deus. Interpretar a Palavra, viver a Palavra, antes de sair pregando! Foi assim que Jesus ensinou, é assim que eu desejo viver. Eis-me, Senhor, a pensar! Eis-me, Senhor, a orar. Eis-me querendo viver, eis-me querendo entendê-la!

✚ Reflexão pessoal

Eram teus e os destes a mim,
e eles têm guardado tua Palavra. Jo 17,6b

16 SETEMBRO

Água de poço

Tens água bem melhor do que a que vem daquele poço. Sacias muito mais do que a cisterna do Sicar. Porém, se eu não fizer como a mulher samaritana, jamais conhecerei o bem que vem de te escutar. E eu também não sei o dom de Deus, não sei também direito quem sou eu. Preciso arranjar tempo de parar para conversar. E se arranjar um tempo de te ouvir e te escutar, eu sei que a minha vida mudará. Ouvir tua Palavra e praticar o que ela diz. Deixar-me seduzir pela Palavra e ser feliz, e então a minha sede acabará.

✚ Reflexão pessoal

Senhor, dá-me desta água
para que eu não tenha mais sede. Jo 4,15

17 SETEMBRO

Discípulos e missionários (1)

São Tiago convida os fiéis do seu tempo a serem fazedores da palavra e a não se comportarem como quem olha superficialmente no espelho e não se lembra mais do que viu (cf. Tg 1,22-23). Não prestou atenção. A fé é um ato de prestar a atenção em Deus, na sua obra e no que acontece ao nosso redor. Aquele que ouve a Palavra, mas não se aprofunda nela, faz como o sujeito que vai ao mar e apenas molha o tornozelo. A Palavra que ouvimos tem que ser trabalhada! [...] Sirva-nos o exemplo do convertido Paulo, que se declara discípulo formado aos pés de Gamaliel (cf. At 22,3) e estudioso da Palavra muito antes de sua conversão. A graça não foi em vão nele, porque Paulo tinha substrato.

✚ Reflexão pessoal

Sede praticantes da Palavra e não apenas ouvintes, enganando-vos a vós mesmos. Tg 1,22

Por causa da Palavra

18
SETEMBRO

Se não me deixarem falar, eu cantarei! Se não me deixarem cantar, eu gritarei! Se não me deixarem gritar, eu gesticularei! Mas não há nada neste mundo que me impedirá de proclamar a Palavra do Senhor!
Se alguém me obrigar a calar, resmungarei! Se não me deixar resmungar, escreverei! Se não me deixar escrever, eu gesticularei! Mas não há nada neste mundo que me impedirá de proclamar a Palavra do Senhor! Se não me deixarem pregar, eu pregarei! E se não puder mais falar, agitarei! Se for impossível agir, ao menos rezarei. Mas não há nada neste mundo que me impedirá de proclamar a Palavra do Senhor!

✤ Reflexão pessoal

Eu vos digo: se estes se calarem,
as pedras gritarão. Lc 19,40

19 SETEMBRO

A Palavra do Senhor

Um homem de joelhos é mais alto que seu povo; vivendo o Evangelho, faz alguém nascer de novo. Do Cristo o Evangelho, meu irmão, vem aprender unindo o novo e o velho na alegria de viver. Quem vive a Palavra do Senhor encontra o caminho do amor. Por isso, a juventude vai ouvir a Palavra do Senhor! É vivendo na virtude que ao mundo vai ensinar o amor. O Cristo está bem perto ensinando a bem viver; a vida é um livro aberto: só quem ama sabe ler. Do Cristo o Evangelho, meu irmão, vem aprender unindo o novo e o velho na alegria de viver. Quem vive a Palavra do Senhor encontra o caminho do amor.

✠ Reflexão pessoal

Santifica-os na verdade.
Tua palavra é verdade. Jo 17,17

Palavra boa

20
SETEMBRO

Ouçamos nosso irmão que foi ungido; ele nos dirá como Jesus viveu. Abençoai, Senhor, o vosso escolhido que anunciará vossa Palavra. Eu me levanto feliz para escutar vossa Palavra que me faz feliz. Preciso de uma palavra, de uma palavra boa; não pode ser qualquer uma, tem que ser cheia de luz. Preciso de uma palavra que oriente a minha vida. Preciso de uma palavra, e a Palavra é de Jesus. Jesus tem Palavra Santa, Jesus tem Palavra boa. É quando Jesus me fala que eu me torno mais pessoa. Jesus tem Palavra Santa, Palavra que traz a paz, ouvindo a Palavra dele a gente acerta muito mais.

♣ Reflexão pessoal

Tua palavra é lâmpada para os meus pés,
é luz que ilumina o meu caminho. Sl 119,105

21 SETEMBRO

Ide para semear

Ide para semear, anunciar e cuidar da Palavra. Ide sem hesitar que eu estarei bem ao lado a vos iluminar. Daqui deste altar quero iluminar e onde estiverdes sabei: não tenhais medo de me anunciar, que em cada palavra convosco estarei. Ide para semear, anunciar e cuidar da Palavra. Ide sem hesitar que eu estarei bem ao lado a vos iluminar. Daqui deste altar quero iluminar e onde estiverdes sabei: não tenhais medo de me anunciar, que em cada palavra convosco estarei. Ide para semear, anunciar e cuidar da Palavra. Ide sem hesitar que eu estarei bem ao lado a vos iluminar.

♣ Reflexão pessoal

Ide por todo o mundo,
proclamai o Evangelho a toda criatura. Mc 16,15

Viver na tua luz

22
SETEMBRO

Viver na tua luz, na tua graça, Senhor. Viver da tua paz, do teu mistério de amor. Em ti perseverar, jamais te esquecer, jamais te abandonar, não mais te ofender. Eis, meu Senhor, a minha oração. Sozinho eu não sei praticar a tua Palavra. Quero te amar e quero crer, mas preciso de ajuda para me converter. Viver na tua luz, na tua graça, Senhor. Viver da tua paz, do teu mistério de amor. Em ti perseverar, jamais te esquecer, jamais te abandonar, não mais te ofender. Eis, meu Senhor, a minha oração. Sozinho eu não sei praticar a tua Palavra. Quero te amar e quero crer, mas preciso de ajuda para me converter. Quero te amar e quero crer, mas preciso de ajuda para me converter.

✚ Reflexão pessoal

Confie no Senhor, e ele o ajudará;
ande sempre no caminho direito. Eclo 2,6

23 SETEMBRO

O semeador

Vamos semear a boa semente, vamos semear a semente em terra boa. O mundo passa, a terra gira, o tempo voa! Não nascemos para viver eternamente. Um homem saiu e, enquanto semeava as sementes, uma parte caiu pelo caminho e não cresceu, porque as aves a comeram. Outra parte na rocha semeou, a pouca terra a fez medrar. Mas, quando o sol apareceu para ajudar, sem raiz, feneceu e ressecou. Também acabou semeando nos espinhos, que cresceram e depois a sufocaram. O homem não parou momento algum; finalmente, encontrou a boa terra, colheu frutos cem por um. É assim a Palavra do Senhor: qualquer um pode receber, mas só quem a recebe com amor e a leva consigo onde for, na fé e na esperança, vai crescer.

✚ Reflexão pessoal

O que foi semeado em "terra boa"
é quem ouve a mensagem e a entende; esse frutifica. Mt 13,23

Fé tranquila

24
SETEMBRO

Minha fé em Jesus Cristo é tranquila, mas não acomodada. Não quero que assim seja! Meu coração me diz que ele era de Deus, a quem ele chamava de Pai. Sou dos que afirmam que Jesus está vivo. Era natural e compreensível que as redações sobre ele passassem pelo jeito dos primeiros que o conheceram e souberam da sua existência. Escreveram com entusiasmo de quem viu ou ouviu falar de uma pessoa extraordinariamente lúcida e poderosa em ação. Deixaram essas expressões por escrito e sou grato a eles. Jesus pode não ter dito as coisas exatamente daquele jeito, porque aqueles textos eram uma reflexão falada dos apóstolos e das comunidades, mas acho que o essencial está naqueles livros. Jesus era muito mais do que se podia falar.

✚ Reflexão pessoal

Todas as tuas palavras são verdadeiras. Sl 119,160

25 SETEMBRO

Ouvir o Livro

Quero ser teu filho, contemplar teu brilho, caminhar no trilho dos teus pensamentos. Quero certamente ter na minha mente, permanentemente, teus ensinamentos. E cada dia mais e mais no Livro santo mergulhar. Achar no Livro a minha paz depois de ouvir o teu falar. Tua Palavra, meu Senhor, tornou-se meu alimento. És meu começo e és meu fim, eu já não vivo sem sentir. Não faz sentido para mim viver sem te ouvir. Quero ser teu filho, contemplar teu brilho, caminhar no trilho dos teus pensamentos. E cada dia mais e mais no Livro santo mergulhar. Achar no Livro a minha paz depois de ouvir o teu falar. Tua Palavra, meu Senhor, tornou-se meu alimento.

✙ Reflexão pessoal

Guardo a tua palavra no meu coração
para não pecar contra ti. Sl 119,11

O homem prudente

26
SETEMBRO

O homem que ouve a Palavra de Deus é como aquele que planejou e sobre a rocha edificou. Caíram as chuvas e o rio transbordou. Soprou o vento que enfureceu. Mas ele firme permaneceu. E aquele que ouviu estas minhas Palavras e não viveu, sobre a areia construiu, seu mundo destruiu. O homem que ouve a Palavra de Deus é como aquele que planejou e sobre a rocha edificou. Caíram as chuvas e o rio transbordou. Soprou o vento que enfureceu. Mas ele firme permaneceu. O homem que ouve a Palavra de Deus é como aquele que planejou e sobre a rocha edificou.

✛ Reflexão pessoal

Quem ouve as minhas palavras e as põe em prática
é semelhante a um homem prudente... Mt 7,24

27 SETEMBRO

Amarás, amarás

Amarás, amarás! Amarás o teu Senhor e só a ele servirás. Partirás, partirás! Partirás o pão da vida e contra a fome lutarás. Amarás o teu irmão como a ti mesmo. Tratarás os teus irmãos de um modo igual. Amarás com toda a força o teu Senhor, amarás, amarás, amarás. Ouvirás, ouvirás! Ouvirás o teu Senhor e só a ele seguirás. Levarás, levarás! Levarás suas mensagens e jamais te omitirás. Ouvirás, ouvirás! Ouvirás o teu Senhor e só a ele seguirás. Levarás, levarás! Levarás suas mensagens e jamais te omitirás.

✤ Reflexão pessoal

Ame o Senhor, seu Deus, com todo o coração e ame seu próximo como a você mesmo. Lc 10,27

Comungamos da Palavra

28
SETEMBRO

Comungamos da Palavra e agora, Senhor, do Pão nós comungamos. Uma hora de mensagem e de preces ao Senhor. Seis segundos com o Pão em nossas mãos. Querendo entender, querendo compreender. Por isso eu vim aqui ouvir, por isso eu vim aqui pedir. Por isso eu vim aqui orar, por isso eu vim aqui te receber. Por isso eu vim aqui ouvir, por isso eu vim aqui pedir. Por isso eu vim aqui orar, por isso eu vim aqui te adorar.

✤ Reflexão pessoal

Perto de ti está a Palavra,
em tua boca e em teu coração. Rm 10,8

29 SETEMBRO

Só seguiremos Jesus

Toda vez que o mundo nos falar: deixa o sentimento se manifestar, deixaremos que o mundo fale, mas só seguiremos a Palavra de Jesus. Porque a Palavra do Senhor é pura, porque a Palavra do Senhor tem conteúdo, porque a Palavra do Senhor nos faz pensar. E, quem não pensa, fala coisas que não deve; e, quem não pensa, acaba dando o que pensar. Toda vez que o mundo nos falar: deixa o sentimento se manifestar, deixaremos que o mundo fale, mas só seguiremos a Palavra de Jesus. Porque a Palavra do Senhor é pura, porque a Palavra do Senhor tem conteúdo, porque a Palavra do Senhor nos faz pensar.

✚ Reflexão pessoal

Felizes os de caminho íntegro,
os que andam conforme a instrução do Senhor. Sl 119,1

30 SETEMBRO

Sem ódio e sem medo

Sem ódio, mas também sem medo, a Palavra do Senhor proclamarei. Sem ódio, mas também sem medo, a Palavra do Senhor proclamarei. A Palavra do Senhor é como um fogo: ela me queima. A Palavra do Senhor é como água: ela me lava, ela me leva a me arriscar por meus irmãos. Sem ódio, mas também sem medo, a Palavra do Senhor proclamarei. Sem ódio, mas também sem medo, a Palavra do Senhor proclamarei. A Palavra do Senhor é como um fogo: ela me queima. A Palavra do Senhor é como água: ela me lava, ela me leva a me arriscar por meus irmãos.

♣ Reflexão pessoal

Tua Palavra queima como fogo no meu coração. Jr 20,9c

Anotações

OUTUBRO

BALADA POR UM REINO

Pe. Zezinho, scj

Por causa de um certo Reino,
estradas eu caminhei
Buscando, sem ter sossego,
o Reino que eu vislumbrei
Brilhava a Estrela Dalva
e eu quase sem dormir
Buscando este certo Reino
e a lembrança dele a me perseguir!

Por causa daquele Reino,
mil vezes eu me enganei!
Tomando o caminho errado
e errando quando acertei!
Chegava ao cair da tarde,
e eu quase sem dormir
Buscando este certo Reino
e a lembrança dele a me perseguir!

Um Filho de carpinteiro
que veio de Nazaré
Mostrou-se tão verdadeiro,
pôs vida na minha fé
Falava de um novo Reino,
de flores e de pardais
De gente arrastando a rede,
que eu tive sede da sua paz!

O Filho de carpinteiro
falava de um mundo irmão
De um Pai que era companheiro
de amor e libertação
Lançou-me um olhar profundo,
gelando o meu coração
Depois me falou do mundo
e me deu o selo da vocação!

Agora, quem me conhece
pergunta se eu encontrei
O Reino que eu procurava,
se é tudo o que eu desejei
E eu digo pensando nele:
no meio de vós está
O Reino que andais buscando,
e quem tem amor compreenderá!

Jesus me ensinou de novo
as coisas que eu aprendi
Por isso eu amei meu povo
e o Livro da Vida eu li
E em cada menina moça,
em cada moço rapaz
Eu sonho que a minha gente
será semente de eterna paz!

A PROFECIA E A MISSÃO NO CAMINHO DO REINO

No Batismo, recebemos pela graça de Deus a missão de ser: sacerdote, profeta e rei. Portanto, a missão de anunciar o Reino de Deus é de todos nós batizados e não apenas dos bispos, padres e dos religiosos(as). Somos o povo de Deus por ele chamado e consagrado, somos todos missionários, enviados a anunciar a Boa-Nova do seu Reino e denunciar as injustiças que machucam o nosso povo. Somos discípulos missionários de Jesus ressuscitado, chamados a testemunhar e a anunciar a sua Palavra de vida para todos.

1 OUTUBRO

Ide e anunciai

Ide para as águas mais profundas, é o Senhor quem vos envia. Ide anunciar sua mensagem de esperança e libertação. Ele vos ungiu com óleo santo e vos chamou dentre a multidão. Quer vos enviar para todo canto para mudar a situação. Ide para as águas mais profundas. Eis a nossa Igreja a nos lembrar. Ide mergulhar na dor do mundo. A paz de Cristo ide anunciar. Ide para as águas mais profundas, é o Senhor quem vos envia. Ide anunciar sua mensagem de esperança e libertação.

✚ Reflexão pessoal

Ide lago adentro e lançai vossas redes para pescar. Lc 5,4

Este povo

2
OUTUBRO

Este povo, que é o povo de Deus, sal da terra e do mundo luz, tem na terra a mais linda missão de anunciar o Senhor Jesus. Deste povo eu também faço parte, eu também quero proclamar: minha fé, minha fé proclamar. Anunciar onde a gente puder, anunciar a Palavra de Deus. Proclamar sem cessar e contar que Jesus é o Filho de Deus. Anunciar onde a gente puder, anunciar a Palavra de Deus. Caminhar com Jesus e falar do seu Pai e segui-lo por onde vai. Este povo, que é o povo de Deus, sal da terra e do mundo luz, tem na terra a mais linda missão de anunciar o Senhor Jesus. Deste povo eu também faço parte, eu também quero proclamar: minha fé, minha fé proclamar.

✚ Reflexão pessoal

*Farei com que vocês sejam meu povo
e eu serei o seu Deus. Ex 6,7*

3 OUTUBRO

Seguidor dos passos teus

Seguidor dos passos teus é o meu coração, Senhor. Aprendiz da tua graça, meu Senhor, eu sou. Aprendiz da caridade, também quero ser. Falta muito, meu Senhor, para eu me converter. É sincera a minha prece, é sincero o meu querer. Saber mais a teu respeito para poder compreender. O que é ser religioso e a justiça o que ela é. Ser sincero e corajoso, consequências de uma fé. Seguidor dos passos teus é o meu coração, Senhor. Aprendiz da tua graça, meu Senhor, eu sou. Aprendiz da caridade, também quero ser.

✠ Reflexão pessoal

Buscai compreender qual é a vontade do Senhor. Ef 5,17

O discípulo

4
OUTUBRO

O barco eu já não tenho, as redes eu deixei e a casa de onde eu venho muito poucas vezes retornei. E agora eu sou profeta, meu povo assim o quis. Minha alma pode estar inquieta, mas o coração garanto que é feliz. Ainda não me acostumei a serviço do meu Rei, tanta coisa que eu não sei como explicar por que se faz. Mas a minha fé me diz que se pode ser feliz, quando existe um coração e um ideal que satisfaz. Eu sei que não sou nada, nem mais do que ninguém. E sei que pela estrada não encontrarei somente o bem. Às coisas passageiras não quero me apegar. A glória deste mundo passa, eu quero é a tua graça para me acompanhar.

✚ Reflexão pessoal

O amor de Deus foi derramado em nossos corações
pelo Espírito Santo. Rm 5,5

5 OUTUBRO

Dizem que sou missionário

Dizem que sou missionário, sim eu sou, eu anuncio Jesus. Discípulo dele eu sou e tento viver como ele viveu, e tento ensinar o que ele ensinou. Pecados eu ainda tenho, depois que eu o conheci. Mas ando tentando ser santo e, apesar dos meus limites, o Espírito de Deus repousa em mim. Dizem que sou missionário, sim eu sou. Eu anuncio Jesus. Discípulo dele eu sou e tento viver como ele viveu. E tento ensinar o que ele ensinou. Dizem que sou missionário, sim eu sou. Eu anuncio Jesus.

✿ Reflexão pessoal

_____
_____
_____
_____
_____
_____
_____
_____
_____
_____
_____
_____
_____
_____

Soprou sobre eles e disse-lhes:
"Recebei o Espírito Santo". Jo 20,22

O que direi

6
OUTUBRO

O que direi quando eu for ao meu povo, que coisas direi para ser entendido? Eis que eu te envio e dirás ao meu povo. Meu nome é Javé, aquele que é que sempre será. Sou aquele que vos libertará. Moisés não estava pronto para anunciar e disse que não saberia o que dizer ao povo. Disseste que o ajudaria e Moisés foi lá. Moisés, então, te anunciou de um jeito mais que novo. Ninguém de nós se sente pronto para anunciar, a gente ainda não aprendeu o que dizer ao povo. Mas cremos que tu nos inspiras quando a gente vai. Queremos evangelizar, então, de um jeito novo.

✚ Reflexão pessoal

O Senhor, o Deus dos seus antepassados,
me enviou até vocês. Ex 3,15

7 OUTUBRO

É preciso ir ao povo

Eu sei das dores que o teu povo enfrenta e sei também qual o teu pensamento. Diante das dores que o teu povo aguenta, sei muito bem quais os teus sentimentos. Ir ao povo é preciso ir ao povo, ser gentil com o povo de Deus. Se preciso chorar com o povo, marchar com o povo a caminho do Reino dos céus, ir ao povo, é preciso ir ao povo. Defender o teu povo, Senhor, se preciso ensinar o teu povo a buscar seus direitos. E ensinar que és um libertador. Ir ao povo, é preciso ir ao povo, ser gentil com o povo de Deus. Se preciso chorar com o povo, marchar com o povo a caminho do Reino dos céus, ir ao povo, é preciso ir ao povo.

✣ Reflexão pessoal

Em todas as circunstâncias,
levai o escudo da fé. Ef 6,16

Profeta menor

8
OUTUBRO

Eu sou mais como aquela andorinha de asa quebrada que voa e não voa. Quando eu vejo outras aves cantando e pairando e singrando nos céus a voar, nessas horas eu vejo o quanto eu sou pequeno. Pequeno sou eu, quando eu vejo essa gente de alma bonita falando de Deus. Ave pequena, profeta menor eu sou, não sei voar tão longe nem tão alto. Eu sei, há vozes melhores no Reino de Deus. Ave pequena, profeta menor, profetizo do jeito que eu sei. Eu não voo como as águias voam, mas eu sirvo meu Rei. Eu não danço como os outros dançam, eu não prego como os outros pregam, mas eu sirvo meu Rei. Eu não canto como os outros cantam, eu não rezo como os outros rezam, mas eu sirvo meu Rei.

✚ Reflexão pessoal

Eu sirvo a Deus com todo o meu coração, anunciando a Boa Notícia do seu Filho. Rm 1,9

9 OUTUBRO

Humildes missionários

Humildes vão os missionários, pelo mundo eles vão a falar de um projeto, projeto que veio do céu. Anunciando Jesus e o que foi que ele fez e falou, humildes vão. Aprendizes de Cristo e da Igreja e querendo aprender com o povo. Sem mentiras ou imposição e dialogando, humildes vão. Humildes vão os missionários, pelo mundo eles vão a falar de um projeto, projeto que veio do céu. Anunciando Jesus e o que foi que ele fez e falou, humildes vão. Aprendizes de Cristo e da Igreja e querendo aprender com o povo. Sem mentiras ou imposição e dialogando, humildes vão.

✣ Reflexão pessoal

Ide! Eu vos envio como cordeiros
no meio de lobos. Lc 10,3

Anúncio e denúncia

10
OUTUBRO

Anúncio e denúncia. São dois chamados da pregação cristã; evidentemente, mais anúncio do que denúncia. Mas, se for preciso, todo pregador tem que ter a coragem de discordar e de denunciar. Se ficar quieto ao saber que algum partido ou político desviou milhões dos cofres públicos e não levar o povo a pensar sobre o ocorrido, cometerá pecado de omissão. Se se calar diante dos traficantes, não prevenir os jovens contra as drogas, cometerá o pecado de apenas anunciar. Não é assunto que se deixa apenas para jornalistas e advogados. Eles não falam aos fiéis que vão à missa dominical. O mesmo Deus que nos quer santos, também e por isso, quer que defendamos os direitos do nosso povo.

✚ Reflexão pessoal

Por que devo ficar tímido nos dias da maldade? Sl 49,6

11 OUTUBRO

Manda profetas

O povo te olhava com fome, tiveste pena. Ninguém ajudava aquele homem, tiveste pena. Da mãe que passava chorando, tiveste pena. Tu tinhas dó das pessoas, quando as pessoas sofriam. Às vezes te antecipavas, quando as pessoas sofriam. Olha o teu povo com fome, Senhor. Olha o teu povo com medo, Senhor. Olha o teu povo ferido, Senhor. Olha o teu povo sem paz. Manda profetas que enfrentem a dor, manda profetas que lutem, Senhor. Manda profetas que falem de amor, manda profetas que chorem conosco. Tu tinhas dó das pessoas, quando as pessoas sofriam. Às vezes te antecipavas, quando as pessoas sofriam. Olha o teu povo com medo, ferido, sem paz, Senhor. Manda profetas...

✚ Reflexão pessoal

Jesus, porém, lhes disse: "Eles não precisam ir; dai-lhes vós de comer". Mt 14,16

Por amor ao teu amor

12
OUTUBRO

Por amor ao teu amor, hei de ter a coragem de ser pedra de contradição, pedra de afirmação, pedra de sustentação, por amor ao teu amor. Quero ser na tua Igreja mais do que apenas mais um. Quero ser fazendo a história, mais do que apenas mais um. Quero ser como viga e tijolo no exato lugar. Quero ter a coragem de amar. Quero ser em meio ao povo mais do que apenas mais um. Quero ser aqui na terra mais do que apenas mais um. Quero ser como estrela que brilha no exato lugar. Quero ter a coragem de amar. Por amor ao teu amor, hei de ter a coragem de ser pedra de contradição, pedra de afirmação, pedra de sustentação, por amor ao teu amor.

♣ Reflexão pessoal

Sejam perseverantes nas tribulações, nos sofrimentos, nas angústias. 2Cor 6,4

13 OUTUBRO

Cuspindo tijolo

Pela estrada poeirenta, sandálias nos pés e uma Bíblia na mão. Lá vou eu cuspindo tijolo, para anunciar a libertação. A garganta já não aguenta, fiquei rouco de tanto pregar. É que a dor dos pobres aumenta, e quem pode não quer ajudar. Vou de aldeia em aldeia, mochila nas costas e o livro na mão. Engolindo até desaforo para anunciar a libertação. Pois o clima às vezes esquenta, quando eu digo o que eu tenho a dizer. É que a dor dos pobres aumenta, e quem pode não quer nem saber. Pela estrada que é bem longa o perigo é demais para quem sabe o que é a missão de cantar para o povo. Muita gente pergunta por que eu canto para denunciar. É que a dor dos pobres aumenta e um cantor nunca deve calar!

✝ Reflexão pessoal

Assim como o Pai me enviou,
também eu vos envio. Jo 20,21b

Espírito de missionário tu nos dás

14 OUTUBRO

Espírito de missionário tu nos dás, profetas somos nós. Anunciamos tua mensagem, Senhor! Embora pecadores, anunciamos teu amor. Anunciamos nas praças e estádios e templos de hoje. Trazemos espinhos na carne, não somos dignos, Senhor, de anunciar tua profecia. Mas, na Eucaristia, tu nos dizes: Basta-te a minha graça! Vai anunciar ao povo nas ruas e praças de agora que eu penso no meu povo e que eu me importo. Espírito de missionário tu nos dás, profetas somos nós. Anunciamos tua mensagem, Senhor! Embora pecadores, anunciamos teu amor. Anunciamos nas praças e estádios e templos de hoje.

✚ Reflexão pessoal

Nós temos esse ministério
segundo a misericórdia que recebemos. 2Cor 4,1

15 OUTUBRO

Ide pelo mundo

Ide pelo mundo e evangelizai, de cima dos telhados proclamai: Não vai ser sempre assim, a dor vai ter um fim, este mundo tem um Filho e tem um Pai. O Espírito dos dois vos acompanhará; com sabedoria proclamai. De um jeito novo procurai meu povo, de um jeito novo evangelizai. Ide pelo mundo e evangelizai, de cima dos telhados proclamai: Não vai ser sempre assim, a dor vai ter um fim. Este mundo tem um Filho e tem um Pai. O Espírito dos dois vos acompanhará; com sabedoria proclamai. De um jeito novo procurai meu povo, de um jeito novo evangelizai.

♣ Reflexão pessoal

Ide por todo o mundo
e pregai o Evangelho a toda criatura. Mc 16,15

O mini sermão

16
OUTUBRO

Ainda hoje, ao cair da tarde, sem muito alarde é favor dizer que vou pregar o meu sermãozinho pelo caminho que eu percorrer. Se alguém quiser escutar meu canto, procure um canto para se ajeitar, que eu vou passar ao cair da tarde, sem muito alarde a cantarolar. Favor dizer que ando muito rouco de tanto e tanto que ando a pregar. Que me preparem um microfone e um violão para me acompanhar. O meu recado será pequeno, mas bem sereno eu irei lembrar que ainda é tempo de esperança e que tudo alcança quem sabe amar.

♣ Reflexão pessoal

___

Faço tudo por causa do Evangelho,
a fim de ser coparticipante dele. 1Cor 9,23

17 OUTUBRO

Estou voltando cansado

Estou voltando cansado para casa, de tanto que eu trabalhei. Passei o dia atendendo teu povo e confesso que eu me cansei. É tanta gente ferida, é tanta gente sofrida, é tanta gente sem vida. Nem sempre eu sei ser amigo, nem sempre o que eu digo consegue curar. Curar essa dor do meu povo sofrido e sem paz. Tá faltando trabalho e salário e doutor. Tá faltando comida e um lugar para ficar. Tanta gente ferida por falta de amor e eu tentando levar a tua Palavra. Só que tem que eu não sei o bastante, por isso é que eu ponho meu povo no teu coração. Por isso é que eu ponho meu povo no teu coração.

✚ Reflexão pessoal

Vinde a mim todos os que estais cansados e sobrecarregados, e vos darei descanso. Mt 11,28

18 OUTUBRO

Meu coração bate mais forte

Meu coração bate mais forte, bate forte, cada vez que eu vou para o meio do povo de Deus. Quando o povo cala, quando o povo grita! Quando o povo fala, eu quero ouvir o que ele diz. Quando o povo canta, quando o povo dança. Quando o povo ri, meu coração bate feliz. Meu coração bate mais forte, bate forte, cada vez que eu vou para o meio do povo de Deus.

✚ Reflexão pessoal

Eles partiram e foram pelos povoados, anunciando a Boa-Nova e curando por toda parte. Lc 9,6

19 OUTUBRO

Põe teu coração no meu

Põe teu coração no meu e o meu coração no teu. Não tenhas medo de abraçar a cruz, tens também meu ombro e minha força, eu sou Jesus. Vem comigo que eu sei, a jornada é longa e eu direi quais os perigos de me acompanhar. É um caminho estreito, mas é feito para chegar. Segue os passos que eu darei, prende a tua cruz na minha. Vai servir meu povo, faça como eu. Ele sofre menos quando encontra um Cireneu. Vai ao povo como irmão; se preciso, estende a mão. Não tenhas medo do meu verbo amar, tem seus contratempos, mas o tempo é de ajudar. Teu projeto eu já tracei, vai ao povo que eu te ensinarei o jeito certo de me anunciar, basta que me peças que eu te ajudo a não errar. [...]

✚ Reflexão pessoal

Quem quiser vir após mim, negue-se a si mesmo, carregue cada dia sua cruz e siga-me. Lc 9,23

Discípulos e missionários (2)

20 OUTUBRO

No dizer implícito do Documento de Aparecida, somos discípulos aprendizes, e o seremos sempre. Mas somos chamados ao mesmo tempo a ser missionários e a ensinar o que já sabemos, desde que nos preparemos para fazê-lo bem. Não vale a boa intenção, não faz sentido dar o microfone a qualquer um para que ele pregue de qualquer jeito. Infelizmente, pelo conteúdo de algumas pregações no rádio e na televisão, isso tem acontecido. É grande o número de pregadores da fé católica que ainda não leram os principais documentos da Igreja, nem o Catecismo da Igreja Católica (CIC). Palavra é para ser ouvida, pensada, aprofundada, vivida, e só depois anunciada. Ouvir e anunciar sem pensar é missão de alto risco.

✙ Reflexão pessoal

A palavra de Cristo habite em vós ricamente;
instruindo-vos mutuamente em toda sabedoria. Cl 3,16

21 OUTUBRO

Voz inquieta

Deu-me esta voz inquieta, que teima em não ficar quieta. E, se a jogada é perversa, eu não desvio a conversa, insisto em profetizar. Há tanta fome na terra, indiferença demais. Há tanta indústria de guerra, mil arremedos de paz. Tanto projeto de morte, tantos os torturadores. Diante de tanta violência, não dá mais para falar só de flores. Deu-me esta voz que não cansa, que teima em cantar a esperança. Quando me dizem que a história não poderá ser mudada, insisto em contradizer. Há tanto irmão decidido que não se cala jamais, tantos profetas sofridos, gente que sabe o que faz. Gente demais distorcendo o caminhar da justiça, diante do que eu ando vendo, não dá mais de pregar só na missa.

✚ Reflexão pessoal

É bem-aventurado
quem não ficar escandalizado por minha causa. Mt 11,6

Do meio do povo

22
OUTUBRO

Me chamaste do meio do povo. A coisa que eu mais queria! E, para que eu entendesse meu povo com tua sabedoria, me deste uma profecia! Mandaste eu olhar o meu povo, estudar o meu povo, ouvir o que o povo diz. E agora me ordenas que eu volte para o meio do povo e ajude o meu povo a ser feliz. A tempo e contratempo eu pregarei. Na tua Palavra de paz eu insistirei. Sou de paz, mas, se for pelo povo, eu brigarei. Me chamaste para eu ir ao teu povo e ao povo eu irei!

✚ Reflexão pessoal

Como são belos os pés daqueles que anunciam a paz, daqueles que anunciam a salvação. Is 52,7

23 OUTUBRO

Morrer pelo povo

Morrer pelo povo e morrer sem matar, amor maior não existe. Ser crucificado e não crucificar, amor maior não existe. Tiveram coragem de dar sua vida em favor do seu povo. Coragem de denunciar, mas sem odiar, e de se arriscar; foi preciso coragem. Sejas bendito por Maximiliano e por Dorothy. Romero e Josimo e Ezequiel. João Bosco, Aniceto e Simão. Milhares de outros irmãos que morreram por nós. Pelo Reino de Deus, pela justiça e pela paz. Por nossa paz, por nossa paz.

✜ Reflexão pessoal

*Ninguém tem maior amor
do que aquele que dá sua vida por seus amigos. Jo 15,13*

Coração de missionário

24
OUTUBRO

Coração de missionário sabe se doar e não desiste não. Entregou a sua vida para ser vivida em prol dos seus irmãos. E, se acontecer a cruz como Jesus, ele a carregará. Se ela for do seu irmão, do mesmo jeito ele abraçará. Coração de missionário deu sua palavra e não desistirá. Deus conta com ele, e ele conta com Deus. E o povo de Deus com ele pode contar. O verbo é amar, o verbo é ir, o verbo é confiar. Coração de missionário sabe se doar e não desiste não. Entregou a sua vida para ser vivida em prol dos seus irmãos.

♣ Reflexão pessoal

Todas as vossas coisas sejam feitas com amor. 1Cor 16,14

25 OUTUBRO

Cibernética

Por sobre os telhados de minha cidade, eu vou levar o amor. Por sobre os viadutos de minha cidade, eu vou levar o amor. Nos paralelepípedos da avenida, eu vou levar a vida, eu vou levar o amor. Na era da cibernética, na era da transformação, tornei minha vida poética, deixei falar meu coração. Eu creio em um mundo novo, eu creio no meu irmão. Por sobre os telhados de minha cidade, eu vou falar de Deus. Pelas ruas e praças de minha cidade, eu vou falar de Deus. Vou pregar o Evangelho em cima dos telhados e vou apoiado no amor que Deus me deu. Eu falo de paz, eu falo de bondade, eu sou como você. A cada novo passo encontro a humanidade, não importa se ninguém me vê.

♣ Reflexão pessoal

O que escutais ao ouvido,
proclamai-o dos telhados. Mt 10,27

Daqui quero iluminar

26
OUTUBRO

Daqui deste sacrário quero iluminar, quero ver vocês a me levar. Não tenham medo. Eu lhes direi o que dizer: Iluminador eu sou. Mensageiros e mensageiras, anjos de um tempo singular. Quero ver vocês entre o povo e levando o meu povo a pensar. Vivam em contínua conversão e não há de lhes faltar poder, não há de lhes faltar unção. Daqui deste sacrário quero iluminar, quero ver vocês a me levar. Não tenham medo. Eu lhes direi o que dizer: Iluminador eu sou. Mensageiros e mensageiras, anjos de um tempo singular. Quero ver vocês entre o povo e levando o meu povo a pensar. Vivam em contínua conversão e não há de lhes faltar poder, não há de lhes faltar unção.

✚ Reflexão pessoal

O Espírito Santo vos ensinará, naquele momento,
o que deveis dizer. Lc 12,12

27 OUTUBRO

Deus existe

Deus existe, eu gritarei ao homem triste, comunicarei que Deus é nosso Rei e que o Reino já chegou. Chegou o tempo de falar e o momento de anunciar. Por isso mesmo é que anunciando estou: que eu creio em Deus e, se for preciso, irei dizer ao mundo triste que ele existe e nunca se esqueceu da humanidade. Mesmo se, para tanta falsidade, tanto desamor, tanta maldade, a gente não consegue explicação, eu espero em Deus. Igual criança, irei buscar o que ele prometeu a quem espera. E, mesmo quando alguém se desespera, ele continua e persevera em seu amor de Pai. Que o meu amor é quase nada e, no entanto, a voz cansada nunca cessa de profetizar que em um lugar qualquer a gente vai colher a paz sonhada. [...]

✿ Reflexão pessoal

Que nos separará do amor de Cristo? Rm 8,35

O profeta

28 OUTUBRO

Eu não sei cantar, eu não sei rezar. Eu não sei fazer canções bonitas como tanta gente faz. Sou como criança que só sabe balbuciar. Mesmo assim teu amor me mandou profetizar. Minha profecia é feita de alegria. Eu não sei cantar o amor perdido como tanta gente faz. Sou como criança que da noite faz o dia. Depois que fez a manhã, está sorrindo de alegria. Canto quando eu choro, canto para sorrir. Minha profecia o mundo inteiro vai ouvir. Canto pela paz, canto contra a guerra, canto para varrer o egoísmo desta terra. Teu amor, me disse, vai falar de paz. Na minha vida eu vou escrever teu Evangelho.

✚ Reflexão pessoal

Ó Senhor, meu Deus,
eu não sei como falar, pois sou muito jovem. Jr 1,6

29 OUTUBRO

Nossa voz para anunciar

Nossa voz para anunciar, anunciar teu existir. Nossa voz para exaltar, exaltar o teu querer. Em discursos e em canções, nossas vozes se erguerão, sempre, sempre que possível, nossas vozes se erguerão. Para louvar e agradecer e suplicar e anunciar, nossas vozes se erguerão. Nos campos, nas praças, nas ruas e também, de modo especial, aqui no teu altar. Porque nos deste a paz que o mundo não nos dá. Assim será! Sempre e sempre que possível, cantaremos teu louvor. Porque nos deste a paz que o mundo não nos dá. Assim será! Ergueremos nossa voz a proclamar que és o Senhor. És o Senhor!

✢ Reflexão pessoal

Eu vos deixo a paz, eu vos dou minha paz.
Não a dou como o mundo a dá. Jo 14,27

Rahamim

30
OUTUBRO

Rahamim, Deus tem um colo para mim. Disse o Senhor ao Profeta: Vai levar. Leva por todos os cantos, vai levar. Leva por todos os meios, vai levar, vai levar a Palavra. Rahamim, Deus tem um colo para mim. Disse o Senhor ao Profeta: Vem buscar. Vem conversar sobre a vida, vem buscar. Vem procurar conteúdo, vem buscar, vem buscar a Palavra. Rahamim, Deus tem um colo para mim. Disse o Senhor ao Profeta: Vem orar. Vem meditar a Palavra, vem orar. Vem que eu daqui te ilumino, vem orar. Vem que eu te ilumino. Rahamim, Deus tem um colo para mim.

✜ Reflexão pessoal

*O Senhor cuidará do seu povo
e o carregará no colo. Is 40,11*

31
OUTUBRO

Cidadão do infinito

Por escutar uma voz que disse que faltava gente para semear, deixei meu lar e saí sorrindo e assobiando para não chorar. Fui me alistar entre os operários que deixam tudo para te levar. E fui lutar por um mundo novo; não tenho lar mais ganhei um povo. Sou cidadão do infinito, do infinito, do infinito. E levo a paz no meu caminho, no meu caminho, no meu caminho. Eu procurei semear a paz e onde fui andando falei de Deus. Abençoei quem fez pouco caso e espalhou cizânia onde eu semeei. Não recebi condecoração por haver buscado um país irmão. Vou semeando por entre o povo e vou sonhando este mundo novo. Sou cidadão do infinito e levo a paz no meu caminho.

✝ Reflexão pessoal

_____
_____
_____
_____
_____
_____
_____
_____
_____
_____
_____
_____
_____

Nós somos cidadãos do céu. Fl 3,20a

NOVEMBRO

AMIZADE DIVINA

O que dizer do meu melhor amigo, senão que é o melhor? Seu devotado sacerdócio, sua inspiração poética e musical, seu incansável apostolado, são para mim marcas da amizade divina. Sempre vi no Pe. Zezinho um imenso desejo de dizer as coisas de Jesus, as coisas de Deus. Essa vontade o faz trabalhar, suar, dedicar horas, dias, noites ao aperfeiçoamento da técnica e da forma. Mais que amigos, irmãos, fomos sempre parceiros acompanhando Jesus, um a cada lado, como em um Emaús sem fronteiras. Deus lhe conceda ainda muitos anos em seu serviço, afetuoso, lúcido e inteligente.

Padre Irala, sj
Padre jesuíta, cantor, compositor e fundador do Grupo OPA (Oração pela Arte).
Junto com Pe. Zezinho, scj, foi um dos pioneiros na evangelização com a canção.

UMA MENTE BRILHANTE NOS FAZENDO PENSAR

Pe. Zezinho representa, entre outras coisas, a criatividade e o bom senso. Criatividade nas suas letras musicais, em que consegue sintetizar temas complexos de maneira simples; criatividade para compor uma melodia sempre interessante e surpreendente; criatividade nos seus textos aguçados e analíticos.

E bom senso. Nos seus comentários, tanto em redes sociais como em conversas informais e entrevistas, Pe. Zezinho demonstra um equilíbrio raro, uma clareza de raciocínio que nos ensina muito sobre a convivência humana e os fatos do dia a dia.

Depois de cada trabalho com o Pe. Zezinho, não é só música o que fica gravado. No álbum da memória, permanece registrada a convivência com esta raridade de pessoa. Raridade porque é um artista notável. Raridade também porque tanta bondade junta não se encontra facilmente. E ainda raridade porque o Pe. Zezinho faz o que prega e prega o que faz, virtude escassa nestes dias.

Sinto-me profundamente honrado em fazer parte de uma fatia dessa história. Honrado e agradecido pelo fato de o Pe. Zezinho aceitar não só minha colaboração musical como também minha amizade. Parabéns pelos seus 80 anos, Pe. Zezinho! Continue com sua mente brilhante nos fazendo pensar! Vida longa!

Luiz Antonio Karam
Maestro que trabalha há muitos anos com o Pe. Zezinho, scj.

A DOR E A ESPERANÇA NO CAMINHO DO REINO

É muito difícil falar das dores, dos sofrimentos (físicos, emocionais, espirituais) e das perdas. Vivemos em um mundo no qual o que mais conta é a felicidade. Negamos o sofrimento e, por isso, quando ele aparece em nossa vida, somos pegos de surpresa. Falar do envelhecer, do adoecer, do sofrer e do morrer, para muitos, ainda é um "tabu". Para quem tem fé, a dor, o sofrimento e a morte adquirem um novo significado, mas continuam a doer, a machucar. Padre Zezinho, scj, com muita delicadeza escreve e canta sobre estas dores a partir de suas experiências pessoais. Ninguém tem remédio para estas dores, mas a fé em Deus nos ajuda a vivermos estes momentos com esperança e serenidade.

1 NOVEMBRO

Se a dor me visitar

Se a dor algum dia, Senhor, me visitar, se o corpo algum dia, Senhor, não me obedecer, se a mente algum dia, Senhor, já não distinguir, para saber carregar minha cruz, olharei para Jesus. Sabiás ainda são sabiás mesmo quando não cantam. Águias feridas ainda são águias, eu sei que elas são. Quando alguém a podou, a roseira chorou, mas depois se vingou, deu mais rosas do que nunca. Ninguém nasceu para sofrer, mas a dor nos faz crescer. Se a dor algum dia, Senhor, me visitar, se o corpo algum dia, Senhor, não me obedecer, se a mente algum dia, Senhor, já não distinguir, para saber carregar minha cruz, olharei para Jesus.

✚ Reflexão pessoal

Porque estou pronto para um tombo,
minha dor está sempre diante de mim. Sl 38,18

Tristeza que não vai embora

2
NOVEMBRO

Milhares de seres humanos todos os dias sofrem de tristeza profunda. Difícil de medir ou de imaginar essa dor que dói fundo [...]. Eu não ouso dizer que eu sei o que é isso. Mas eu sei de milhares de homens e mulheres, jovens e até crianças que choram, escondem-se, trancam-se. Não sentem desejo de ouvir, falar, conversar ou sorrir [...]. Por alguns dias, semanas e até longos períodos carregam na alma um mal-estar que não sabem por que nem de onde vem [...]. Até Jesus, que não era um homem triste, um dia passou por tristeza agônica, daquelas de suar sangue [...]. Doeu tanto que ele pediu ao Pai que, se possível, afastasse dele aquele amargo cálice. A dor passou mais ficaram as marcas.

✥ Reflexão pessoal

_____
_____
_____
_____
_____
_____
_____
_____
_____
_____
_____
_____
_____
_____
_____
_____

Meu Pai, se for possível,
que passe de mim este cálice. Mt 26,39a

3 NOVEMBRO

Para que eu saiba perdoar

Para não ferir ninguém, eu vim te procurar. Alguém me machucou e eu não pude nem chorar. Escuta, meu Senhor, escuta a minha história. Por mil caminhos e a sorrir, eu procurei compreender. Nenhum irmão eu quis ferir, eu só pensei em ajudar. Mas houve quem não entendeu e destruiu o que eu ergui, e arrancou o que eu plantei, desafiando a minha paz. De tanto ouvir falar em ti, eu quis fazer como aprendi. Eu quis amar sem distinção, de todos eu me fiz irmão. [...] Eu venho aqui pedir perdão, se por acaso eu mereci sofrer tamanha ingratidão, quando eu busquei sempre ajudar. Mas quem não entendeu fui eu, que se esqueceu quem foi Jesus. Que fez um bem maior que o meu e mesmo assim morreu na cruz.

✣ Reflexão pessoal

Não te deixes vencer pelo mal,
mas vence o mal com o bem. Rm 12,21

Lares desfeitos

4
NOVEMBRO

Um lar foi desfeito, não tem mais jeito, não há revolta, mas não tem volta. O sentimento acabou, elo desfeito, ninguém é perfeito. Não deu mais certo, não deu. Quem não era feliz foi buscar um outro alguém para amar. Dores do ser, dor de viver, são as dores do amor, dor de viver, dor conjugal e segundas uniões. Milhões de opiniões, milhares de razões. Mas um lar foi desfeito e está doendo em alguém. Dores do ser, dor de viver, são as dores do amor, dor de viver, dor conjugal...

✚ Reflexão pessoal

Deus é abrigo e força para nós,
auxílio encontrado em muitos momentos de aflição. Sl 46,2

5 NOVEMBRO

Maior do que tudo

Maior do que tudo que ele fez, Deus é maior. Maior do que tudo que existe, Deus é maior. Maior do que eu jamais possa imaginar. Alfa e Ômega, princípio e final. Tirou do nada o que há, tudo ele fez por amor. Não somos deuses e nunca seremos, não somos deuses, mas voltaremos ao colo do criador. Tirou do nada o que há, tudo ele fez por amor. Deu-nos a vida que temos e um dia no céu nos veremos. Maior do que tudo que ele fez, Deus é maior. Maior do que tudo que existe, Deus é maior. Maior do que eu jamais possa imaginar. Alfa e Ômega, princípio e final.

✚ Reflexão pessoal

Se o coração nos acusar, Deus é maior que nosso coração e conhece todas as coisas. 1Jo 3,20

Oração na doença

6
NOVEMBRO

Deus escutou o meu choro, deu ouvido à minha triste prece. Deus dá saúde, dá doença. Sinto o meu corpo fraco a desfalecer. A prostração é tanta que eu não tenho mais forças... mais que a dor do corpo, dói em mim esta dor doída de alma. [...] O Senhor é meu Pai, eu não posso e não quero ver isso como castigo. [...] Porque, para quem ama a Deus, a morte não é castigo. Por enquanto eu cultivo a esperança de viver e me sair dessa provação. [...] O Senhor é o Deus da vida e da morte, mas é também o Deus da saúde. Médico do meu corpo e da minha alma. Quero ter saúde de corpo e de alma, e, se possível, morrer de velhice serena; se não for possível, seja feita a tua vontade, mas não me deixes sem paz.

♣ Reflexão pessoal

*Mas eu lhe darei saúde novamente
e curarei as suas feridas. Jr 30,17*

7 NOVEMBRO

O túnel da morte

Morrer é uma realidade. Todos os vivos morrem. Não adianta fugir à reflexão. Um dia nos despediremos desta vida. Será melhor se formos em paz. A Igreja ilumina o enigma da morte com as luzes da fé. E as luzes mais fortes são a cruz e a ressurreição de Jesus, que viveu como quem sabia que morreria e morreu como quem sabia que viveria. A morte é como um túnel. A estrada passa por ele, mas não acaba nele. O túnel é escuro, mas a Igreja ilumina com luzes de fé e esperança. Não sabemos como é a estrada depois do túnel, mas sabemos que será bem mais bonita e sinalizada do que a deste lado da vida.

✚ Reflexão pessoal

Ninguém pode vir a mim, se o Pai não o atrair,
e eu o ressuscitarei no último dia. Jo 6,44

Casinha de ribeirão

8
NOVEMBRO

Em uma casinha pequenininha, pertinho do ribeirão, um casalzinho já bem velhinho vivia de recordação. Oitenta anos de vida, sessenta de união, seis filhos e vinte netos, todos eles um só coração. [...] O vô Francisco e a vó Tereza viviam de oração. [...] Filhos e netos orando por quem a vida inteira por eles orou. Lá na casinha pequenininha, pertinho do ribeirão, chegou a hora de vô Francisco partir sem hesitação. Chamou os filhos e filhas, e netos ao seu redor, e anunciou que partia em busca do criador. Deu seu recado final, fez uma prece total. Filhos e netos fazendo oração naquela casa não há solidão. E na casinha do ribeirão venceu a vida e a religião.

✤ Reflexão pessoal

Assim como os avós se orgulham dos netos, os filhos se orgulham dos pais. Pv 17,6

9 NOVEMBRO

Aos tristes e infelizes

Eis você aí de novo mergulhado na tristeza; essa dor que não avisa quando vem nem quando vai. Vem depressa, mas demora quando é hora de ir embora. Eis você aí de novo a me dizer que não tem jeito. Esse mal-estar no peito está vivendo por viver. Essa dor que não vai embora e que parece não ter fim. Não sou ninguém para lhe ensinar a ser feliz, eu não sou Deus. Não vou dizer como se faz para ser feliz, não há receitas. Mas existe uma pessoa que eu conheço e que é capaz de dar a paz. E dar a paz é o que Jesus mais fez e faz. Consola o triste, o infeliz, e enche a vida de alegria. Quem recorreu à sua ajuda, não saiu de alma vazia. [...] Quem já pôs fim a mil prisões, libertará você também.

✝ Reflexão pessoal

Ó Senhor, cura-me, e ficarei curado;
salva-me, e serei salvo... Jr 17,14

É saudade que a gente tem

10
NOVEMBRO

Essa fome de felicidade é saudade do infinito, é saudade do paraíso, é saudade que a gente tem. De vez em quando, quando eu passo por aí procurando Jesus Cristo no semblante do meu povo, em cada rosto eu torno a ler o que eu já li: Jesus Cristo está presente e um dia voltará de novo. [...] O homem velho que só fala no passado, tem saudade, está cansado e já viveu o suficiente. Aquele jovem que só fala no futuro, tem saudade, eu quase juro do infinito à sua frente. Vou caminhando e meditando esta verdade: minha gente tem saudade do que estava prometido. Essa procura de encontrar felicidade é nada mais do que saudade de um valor que foi perdido. Essa fome de felicidade é saudade do infinito...

✚ Reflexão pessoal

Minha alma fica com saudade,
até se esgota pelos átrios do Senhor. Sl 84,3

11 NOVEMBRO

Eu não estou só

Contemplo as montanhas, planaltos e vales da minha varanda. A chuva que cai do telhado e o vento a zunir e a ventar segredam segredos. Segredos que só meu coração consegue traduzir. Não estou só, não sofro de solidão. Creio no Espírito Santo e Senhor, que dá sentido a tudo o que vejo ao redor. Então eu oro e agradeço demais, porque me deste e me dás a tua paz. Não estou só, não sofro de solidão. Creio no Espírito Santo e Senhor que dá sentido a tudo o que vejo ao redor. Então eu oro e agradeço demais, porque me deste e me dás a tua paz. Porque me deste e me dás a tua paz.

♣ Reflexão pessoal

O Espírito recebe do que é meu e vos anuncia. Jo 16,15b

Rosa de abril

12
NOVEMBRO

Uma rosa que murchou no mês de abril, murchou, mas avisou que murcharia. Foi dando mil avisos, foi finando lentamente, perdeu o viço, mas beleza não perdeu. Adoeceu, mas não perdeu os dons que Deus lhe deu. E aquela rosa que murchou no mês de abril me ensinou que envelhecer não é ruim. Quando se soube ser alguém, a vida inteira envelhecer não é ruim. Deus quis assim, envelhecer não é fim. Uma rosa que murchou no mês de abril, murchou, mas avisou que murcharia. Foi dando mil avisos, foi finando lentamente, perdeu o viço, mas beleza não perdeu. Quando se soube ser alguém a vida inteira, envelhecer não é ruim. Deus quis assim, envelhecer não é fim.

♣ Reflexão pessoal

Dá-nos a conhecer como contar nossos dias;
assim alcançaremos um coração sábio. Sl 90,12

13 NOVEMBRO

Há um rio dentro de mim!

Há um rio perpassando a minha vida, fazendo curvas para regá-la ainda mais. Sinuoso e caudaloso, às vezes calmo, às vezes buliçoso. Ele é feito de esperança, de paz. Sei que veio de Deus e para Deus ele vai. Não sei do seu começo e não sei do seu fim. Há um rio aqui dentro de mim! Há um rio ladeando os meus projetos, se oferecendo para regá-los, se eu quiser. Sinuoso e caudaloso, às vezes calmo, às vezes buliçoso. É vida que me ensina a crescer. Sei que veio de Deus e para Deus ele vai. Carrega o seu mistério e não sei do seu fim. Há um rio aqui dentro de mim! Ele é feito de esperança, de paz. Sei que veio de Deus e para Deus ele vai.

✿ Reflexão pessoal

Portanto, a nossa esperança está em ti,
pois tu fazes todas essas coisas. Jr 14,22

A morte é universal

14
NOVEMBRO

A ciência crê que a vida pode ser um fenômeno universal, mas é bom lembrar que também a morte está em todo o universo. O fenômeno do acabar ou transformar-se existe por toda parte: estrelas se apagam e explodem, corpos celestes se esfacelam e deixam de ser o que eram. Aqui na terra, a lei da vida deságua na inexorável lei da morte. Para quem não crê na existência do sobrenatural, do eterno, a morte tem um sentido trágico de volta ao pó, de acabar-se [...]. Para quem crê no transcendente, no eterno, no Deus que nos ama, a morte é a vida no seu último esforço para se eternizar. E voltamos para Deus como rio que nasce na pequena fonte e deságua na foz, sem deixar de ser a água que um dia foi.

✚ Reflexão pessoal

Sou eu a ressurreição e a vida.
Quem crê em mim, ainda que morra, viverá. Jo 11,25

15 NOVEMBRO

Brigar com Deus

Admito que eu já duvidei, depois daquela morte repentina em um farol. Depois que, dos meus olhos, Deus levou a luz do sol; depois daquela perda sem aviso e sem sentido. [...] Admito que eu briguei com Deus, porque não respondeu quando eu lhe perguntei por quê. Ele, que tudo sabe, tudo pode, tudo vê, parece que não viu nem me escutou lá no hospital. [...] Doeu demais e, quando dói do jeito que doeu, a gente chora, grita e urra. E põe para fora aquela dor e desafia o criador. [...] Comigo não foi diferente do que foi com tanta gente que perdeu algum amor. [...] Por que tinha que ser do jeito como foi? [...] Briguei com quem levara alguém que eu tanto amei. Briguei com Deus, mas acabei no colo dele.

✚ Reflexão pessoal

Deste [oprimido] não escondeu seu rosto,
mas, quando lhe gritava, o escutou. Sl 22,25b

Está faltando uma luz

16
NOVEMBRO

Está pesando demais esta cruz, doendo demais esta falta de paz, está faltando uma luz. Está doendo demais esta dor, ferindo demais e assustando meu povo. Está faltando é amor, faltando é amor. Violência nos bares, nas ruas, nos lares e até nas escolas. Cada dia é mais gente sem teto e sem rumo, vivendo de esmolas. Violência a crescer e meu povo a morrer e o seu sangue a correr. Quem é que vai socorrer o meu povo? Violência no estádio, nas telas, no rádio, e pouco se liga. Cada dia é mais gente sem fraternidade, querendo ver briga. Violência a crescer, o bandido a vencer e o meu povo a tremer. Quem é que vai socorrer? Quem é que vai socorrer o meu povo?

✚ Reflexão pessoal

Levanto meus olhos para os montes;
de onde vem meu auxílio? Sl 121,1

17 NOVEMBRO

Jesus é luz

Jesus é luz, brilhante luz do céu. Jesus é paz, inquieta e doce paz de Deus. Jesus é Deus. Quem vê a vida iluminado pela luz que é Jesus, não anda em trevas, tropeça menos, também se torna luz. Por isso eu pus a minha luz na luz imensa de Jesus. Por isso eu pus a minha paz na paz imensa de Jesus; e, depois disso, eu já não temerei, não temerei. Não temerei a escuridão, a escuridão. Jesus é minha luz! Jesus é minha luz! Por isso eu pus a minha luz na luz imensa de Jesus. Por isso eu pus a minha paz na paz imensa de Jesus; e, depois disso, eu já não temerei, não temerei. Não temerei a escuridão, a escuridão. Jesus é minha luz! Jesus é minha luz!

✚ Reflexão pessoal

Sou eu a luz do mundo. Quem me segue
não caminha nas trevas, mas terá a luz da vida. Jo 8,12

Reparação

18
NOVEMBRO

Eis que faço novas todas as coisas, eu não jogo fora, eu sei restaurar. O que o Pai me deu, eu levo comigo. O que se quebrou, eu sei restaurar. Renovemos o que o Pai nos deu, restauremos o que se quebrou. Encontremos o que se perdeu, redirecionemos quem se desviou. Reforcemos o que enfraqueceu. Replantemos o que não vingou, renovemos o que envelheceu. Redimensionemos o que extrapolou. Eis que faço novas todas as coisas, eu não jogo fora, eu sei restaurar. O que o Pai me deu, eu levo comigo. O que se quebrou, eu sei restaurar.

✤ Reflexão pessoal

Eis que faço novas todas as coisas. Ap 21,5a

19 NOVEMBRO

A vida foi condenada

A vida foi condenada nas barras de um tribunal. E, depois de ser condenada, deixaram a vida ser manipulada. Mudaram o nome da vida, disseram que humana ela não era não. Não era sequer um projeto, apenas um mero embrião. As leis foram contornadas nas barras de um tribunal. Se uma vida for começada, mas não desejada, seja eliminada. Mudaram o nome da vida, disseram que humana ela não era. Um feto é apenas um feto, não houve defesa ou perdão. O dono e Senhor da vida viu tudo o que aconteceu. Mas quem fez não acreditava que o dono da vida para isso ligava. Disseram que Deus não nos vence, que aqui nesta terra ele não vai mandar. Que a vida é aos pais que pertence, por isso a deixaram matar.

✛ Reflexão pessoal

Ouvistes o que foi dito: Não matarás,
e que o assassino responderá diante do tribunal. Mt 5,21

Mater dolorosa

20
NOVEMBRO

Tu que, ao sangue do teu filho, misturas tuas lágrimas. Tu que, sem perder teu brilho, sufocas tuas mágoas. Tu que tens teu filho morto nos teus braços de mulher, ora pelas mães! Ora pelas mães! Pelas mães dos assassinos, pelas mães dos que morreram, todas elas vestem luto, pois morreram com o filho. Ora pelas mães que estão sem paz, pois nelas a violência dói bem mais. Tu que tens teu filho morto nos teus braços de mulher, ora pelas mães! Ora pelas mães! Pelas mães dos assassinos, pelas mães dos que morreram, todas elas vestem luto, pois morreram com o filho. Ora pelas mães que estão sem paz, pois nelas a violência dói bem mais.

✤ Reflexão pessoal

Quanto a ti, uma espada traspassará tua alma. Lc 2,35b

21 NOVEMBRO

Quem nunca teve um filho

Quem tem um filho, tem no peito uma aflição, que dói mais forte quando o filho está no chão. Quem tem um filho, não espera acontecer; ser pai ou mãe, pelo que eu vejo, é preceder. [...] Quem nunca teve um filho, não se faça de juiz, quando o assunto é conceber. [...] Quem nunca teve um filho, contribua sem julgar ao refletir sobre um casal. É muito triste amar alguém e desamar e não saber recomeçar. Quem tem um filho, pense em um adeus total. Dói muito mais ser órfão vivo de um casal. Quem tem um filho, não se apresse a decidir, ser pai ou mãe é mais chegar do que partir. Fere demais a dor de um lar que foi ao chão, mas quem gerou não vai embora e não desiste, o choro é triste, mas é choro de perdão.

✚ Reflexão pessoal

Não julgueis para não serdes julgados. Mt 7,1

Quando Deus se calou

22
NOVEMBRO

Foram milhares de preces até que o Senhor me atendesse. E já não sei quantas vezes pedi que o bom Deus não me esquecesse. Ouvir eu sei que ele ouvia, que Deus não é surdo eu sabia. Mas é que o bom Deus sabe o momento e o dia. Cheguei a chorar perguntando ao Senhor, na frente do altar questionei seu amor: Se vês que eu preciso, por que não me dás? E Deus se calava e eu, eu só sei que eu rezava. Foram milhares de esmolas até que o Senhor me atendesse. A cada esmola que eu dava, eu pedia que Deus me convertesse. Cheguei a brigar com meu Deus e Senhor, falei-lhe a chorar com o rosto no chão: Se vês que eu preciso, por que não me dás? Então, Deus agiu, e o que eu sei é que Deus tem seu tempo!

♣ Reflexão pessoal

Que nosso Deus venha e não se faça de surdo. Sl 50,3a

23 NOVEMBRO

Cantiga de paz na terra

Se você não tem paz interior e não tem ninguém que aceite partilhar o seu amor, venha me escutar, que minha canção vem para relembrar que Deus não se esqueceu de nós. Se você perdeu sua doce paz e não tem ninguém que venha lhe trazer o que ela traz, venha flutuar na meditação e descobrirá que Deus ainda crê em nós. Ouçam todos que hoje se angustiam, sem saber se vão achar a paz. Ouçam todos que ainda não confiam: quando Deus promete, não trai jamais.

♣ Reflexão pessoal

*Mesmo que uma mãe deixe de amar seu próprio filho,
eu nunca esqueceria vocês. Is 49,15b*

Eu e a onda

24
NOVEMBRO

A onda na praia me disse que sim, tivemos começo, teremos um fim. Eu quis saber mais e a onda falou que, o mesmo Senhor que a criou, também me criou. Que eu vivo bem mais e ela vive segundos, talvez um minuto, e depois ela tem que morrer. Que a minha vez chegará, mas um dia virá o meu fim. Foi assim que aprendi a canção de quem vai ao encontro do Pai. Senhor que me amas, Senhor que me chamas, dá-me a graça de ser-te fiel. A vida é passagem e traz a mensagem: hoje aqui e amanhã no teu céu. A vida é passagem e traz a mensagem: hoje aqui e amanhã no teu céu.

✚ Reflexão pessoal

Deus conduzirá por intermédio de Jesus e, com ele, aqueles que adormeceram. 1Ts 4,14

25 NOVEMBRO

Uma folha que caiu

Uma folha que caiu, depois que ela secou, me ensinou que Deus se importa com as vidas que criou, e que, mesmo morta, seu destino realizou. Acabou, com outras folhas, adubando aquele chão, e, por causa dessas folhas, eis o fruto em minhas mãos. Um amigo que partiu, saudade ele deixou. [...] antes de partir, levado pela fé, disse: "Agora vou para o céu e vou saber como é que é [...] estou voltando para quem me fez". Sei que um dia vou partir e Deus vai me acolher, porque ele se importa com o que me acontecer. O tempo vai passar e eu hei de envelhecer, mas eu sei que alguma porta vai se abrir para me acolher. Não, não terei medo, quando o Cristo me chamar. Eu carrego o seu segredo, sei que vou ressuscitar.

✚ Reflexão pessoal

O último inimigo a ser destruído é a morte. 1Cor 15,26

Devolver alguém para Deus

26
NOVEMBRO

Mais dia menos dia, você será chamado a devolver alguém de sua casa para Deus: uma bisavó, uma avó, o "nonno", um doente terminal ou até mesmo um adolescente. Acontece com milhares de pessoas, todos os dias. [...] Palavras ajudam a viver e a morrer bem. Saiba devolver a Deus aqueles que faz tempo ensaiam a volta. Em alguns casos de dolorosa agonia, talvez seja isso que desejam ouvir. Não sabemos o que acontece no íntimo de alguém que morre, mas sabemos que palavras amigas e ternas de carinho acalmam. O amor ajuda quem acaba de nascer e ajuda também quem sabe que está morrendo. Tira o medo e enche de paz. Pense um pouco sobre essas coisas. Não há nenhuma casa que não passe por isso.

♣ Reflexão pessoal

Clama por mim no dia da aflição;
eu te livrarei e tu me glorificarás. Sl 50,15

27 NOVEMBRO

Quando chegar minha hora

Quando chegar minha hora, eu quero ir como quem sabe que vai. Ave que volta ao seu ninho, filho de volta ao seu Pai. Quando chegar minha hora, sei que tu vais me acolher. Ave que volta ao seu ninho, filho que volta a viver. Todos os dias a Igreja, nas suas Ave-Marias, reza com fé filial que caminhemos tranquilos agora e na hora da nossa hora final. Eis que chegou tua hora de partir, vais como quem volta ao Pai. Ave que volta ao seu ninho, deixas lembranças de paz. Eis que chegou tua hora, com o Senhor hás de estar, filho que volta para o lar. Nunca te esqueceremos, vai na esperança serena. Cremos que o Pai te escolheu, viva tua alma tranquila para sempre na glória e ora por nós junto a Deus.

♣ Reflexão pessoal

Virei novamente e vos levarei para junto de mim. Jo 14,3b

Esta paz que tu me dás

28
NOVEMBRO

Tua graça me acompanha sempre. Teu amor parece até que me persegue e deste amor não quero ser indigno. Reconheço que eu não mereço esta paz que tu me dás. Meu Senhor parece até que nem se lembra do que eu fiz, tamanho amor me faz cantar feliz. Tua paz me faz sentir a eternidade, quando tantos já não ousam nem sonhar. Ao redor eu vejo a dor e a falsidade, injustiças, desencanto e desamor. A revolta e a decepção vêm rodear meu coração, mas teu amor me faz lutar em paz. É verdade que os violões e as guitarras não servem como arma de conquista. Mas ai do povo que não tem poeta e cantores para pelo menos chorar com eles e manter viva a esperança de que um dia suas lágrimas se converterão em riso.

✤ Reflexão pessoal

Assim como o Pai me amou, eu também vos amei.
Permanecei em meu amor. Jo 15,9

29 NOVEMBRO

Um lugar à minha espera

Sim, eu creio que há um lugar para mim no céu à minha espera. Creio em um céu depois daqui, Jesus falou que foi para lá. Ascensão é festa do Senhor que foi, que foi antecipar o céu para quem deseja ir com ele. Ascensão: existe um Pai que nos espera, o céu é muito mais que uma quimera. Sei que Deus quer me levar para lá. Sim, eu creio que há um lugar para mim no céu à minha espera. Creio em um céu depois daqui. Maria também foi para lá. Assunção é festa para lembrar a mãe. Maria foi levada ao céu, levada pelo amor do Filho. Assunção: Maria está na eternidade, os santos descobriram a verdade. E a verdade é que há um depois daqui.

✙ Reflexão pessoal

Na casa de meu Pai, há muitas moradas...
porque vou para preparar-vos um lugar. Jo 14,2

Exéquias

30
NOVEMBRO

Como nuvem passageira é nossa vida, e quem nos leva, quem nos leva é o sopro do Senhor. Acreditamos que ao Senhor pertence tudo; o que ele fez, ele fez foi por amor. Como nuvem passageira é nossa vida, e não importa, não importa nem dinheiro nem poder. Feliz daquele que, ao chegar aquela hora, está sereno e preparado para morrer. Somos todos como nuvem passageira. Não importa quantos anos viveremos, ao chegar a nossa hora derradeira, o Senhor perguntará o que fizemos. Lá no céu só vão entrar os amorosos, os que amaram como Deus mandou amar. Quem lutou para ver feliz outras pessoas, eternamente lá no céu irá morar...

✚ Reflexão pessoal

O ser humano é semelhante a uma ilusão;
seus dias são como uma sombra que passa. Sl 144,4

Anotações

DEZEMBRO

PEREGRINADOR DAS COISAS DE DEUS

São 35 anos de muita dedicação, muito som, muita fé propagada pelo Brasil, na beleza de melodias inesquecíveis... São 35 anos de criação musical do Pe. Zezinho, esse incansável peregrinador das coisas de Deus, sempre a caminho, sempre a serviço.

Quem consegue esquecer o grito de amor a Maria, a Mãe de Deus, apregoando: "Maria me cativou... Fez mais forte a minha fé e por filho me adotou". Ou o pedido humilde e confiante, contido, que diz: "Ensina teu povo a rezar, Maria, Mãe de Jesus". Quem não repetiu, com orgulho e alegria, o brado: "E o seu nome era Jesus de Nazaré; sua fama se espalhou e todos vinham ver o fenômeno do jovem pregador que tinha tanto amor".

Palavras repetidas pela comunidade cristã, nas missas, nas reuniões de oração, nas ruas, nos terços de maio. Palavras de um homem de fé.

Que Deus continue a ajudar o querido Pe. Zezinho nessa missão recebida, plenamente aceita e multiplicada, por muitos e muitos anos.

Dom Helder Camara
Arcebispo emérito de Olinda e Recife,
por ocasião das comemorações dos 35 anos de
missão do Pe. Zezinho, scj, em 1999

CARO PE. ZEZINHO

Sua vida não é mais sua, porque a sua fé e a vibração pelo Reino de Deus ecoam no coração de milhões de irmãos admiradores da sua pessoa e da sua inteira consagração a Deus. Sua festa é nossa também. Quem não se alegra diante da alegria de tão grande amigo? Deus o conserve por muitos anos cantando a fé e o amor pelo Brasil afora.

Dom Luciano Mendes de Almeida
Arcebispo de Mariana, MG, por ocasião das comemorações
dos 35 anos de missão do Pe. Zezinho, scj, em 1999

A FÉ NO CAMINHO DO REINO

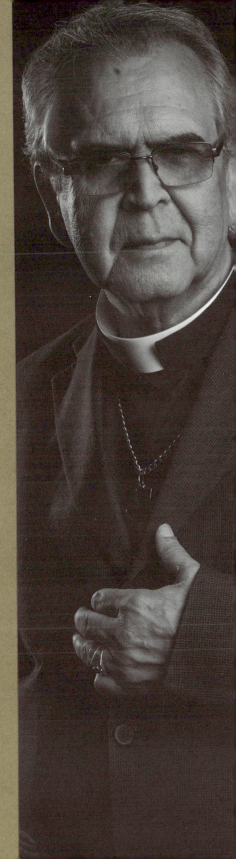

A fé é um dom misterioso. A gente, às vezes, não sabe por que o tem, nem por que o perde (PZ). Sejamos "fortes na fé", contemplemos o "Mistério" infinito de Deus (que é) "muito mais" do que sabemos sobre ele, pois a "verdade é bem maior". Nunca sairemos de nossas trevas nem acharemos a luz que há em nós, se uma luz maior que vem de fora não nos iluminar; é a "Luz que (me) vem do céu" que nos ilumina, nos conduz, nos faz buscar Deus. Que a nossa fé seja serena, mesmo sendo pequena, e que ela nos leve a sermos mais de Deus, mais de Jesus Cristo, filhos e irmãos pela fé e na fé.

1 DEZEMBRO

Fé

Eu respeito quem não crê, mas eu não saberia duvidar. Quando eu vejo o amanhecer, eu penso em Deus. Quando eu vejo o entardecer, eu penso em Deus. Quando eu vejo o anoitecer, eu penso em Deus. Quando eu olho a natureza, eu penso em Deus. Quando eu olho para a montanha, eu penso em Deus. Quando eu olho o imenso mar, eu penso em Deus. Não posso descrever o criador que eu nunca vi, mas sei que toda hora a sua graça passa por mim. Quando eu vejo alguém amando, eu penso em Deus. Quando eu vejo alguém orando, eu penso em Deus. Quando eu vejo um pai chorando, eu penso em Deus. No mistério do morrer, eu penso em Deus. Nos mistérios de Jesus, eu penso em Deus.

✚ Reflexão pessoal

Para ti nada é impossível
e nenhum dos teus planos pode ser impedido. Jó 42,2

Crer em Jesus Cristo

2
DEZEMBRO

Crer em Jesus Cristo, no seu Corpo Santo dado a nós em comunhão. Crer que está presente neste sacramento, porque ele prometeu. Posso duvidar, posso acreditar, posso proclamar. Jesus Cristo não me obriga a proclamar este mistério. Mas eu creio, creio firmemente, e levo a sério esta comunhão. Crer em Jesus Cristo, no seu Corpo Santo dado a nós em oblação. Crer humildemente neste sacramento, crer no seu imenso amor. Posso duvidar, posso questionar, posso me afastar. Como Pedro, estou ciente de que sem ele estou sem rumo. Mas eu creio, creio firmemente, e levo a sério nossa religião.

♣ Reflexão pessoal

Isto é meu corpo que é dado por vós;
fazei isto em minha memória. Lc 22,19b

3 DEZEMBRO

Eu tinha fome de meu Deus

Eu tinha fome, fome de amor, e meu Deus me alimentou. Eu tinha sede de compreender e meu Deus me saciou. Eu acredito que Jesus é nosso irmão e, para poder ficar conosco, ele aceitou parecer pão. Eu acredito que Jesus é nosso irmão e, para poder ficar conosco, ele aceitou parecer vinho. Eu acredito nas palavras de Jesus, que, por amor à humanidade, foi pregado em uma cruz. Eu acredito que Jesus é meu Senhor, com ele eu me identifico e estou vivendo o seu amor. Eu acredito que Jesus é nosso Deus; o Pai nos deu seu próprio Filho por amar os filhos seus. Eu acredito neste Reino de perdão e, ao receber seu Corpo e Sangue, penso mais no meu irmão.

❤ Reflexão pessoal

Quem come a minha carne e bebe o meu sangue permanece em mim e eu nele. Jo 6,56

Canção em fé maior

4 DEZEMBRO

E se eu tivesse a mesma fé que motivou pai Abraão, a mesma fé dos Patriarcas e dos Profetas de Israel, eu falaria mais com Deus. E se eu falasse mais com Deus, igual Jesus e sua mãe, e se eu levasse esses mistérios guardados no meu coração, eu viveria bem melhor. Foi por ter fé que Abraão tornou-se pai de multidão. Foi por ter fé que tanta gente viu florescer sua semente e, contra toda esperança, esperou. Pela fé foi que o vencido em vencedor se transformou. E se eu tivesse fé, e se eu tivesse fé, o mundo mudaria ao meu redor.

✚ Reflexão pessoal

Pela fé, Abraão, colocado à prova, ofereceu Isaac. Hb 11,17

5 DEZEMBRO

Mistério

Não te vejo, não te toco, não te sinto, nem te escuto a me falar. Não conheço o teu semblante ou tua imagem, nem te posso imaginar. Não te entendo, nem percebo a dimensão do infinito onde estás. Não sei onde habitas, não sei onde moras, nem sei te descrever. Não sei falar bonito, quando és tão infinito e eu tão incapaz de te entender. Infinito, onipotente, onipresente, criador e provedor. Imutável, justo, amigo e Pai clemente, Deus da luz e Deus do amor. Não conheço nem vislumbro a dimensão do infinito que tu és. Não sei aonde vamos, não sei onde estamos, só sei que estás no céu. Não sei imaginar-te na minha pobre arte, só sei que és minha luz, que és nosso Deus.

✝ Reflexão pessoal

Fé: a certeza do que se espera
e a prova do que não se vê. Hb 11,1

Não troco a minha fé

6
DEZEMBRO

Não troco a minha fé por outra fé. Não troco a minha paz por outra paz. Não deixo a minha santa religião por outra que garante a salvação agora, já. Respeito quem não crê como acredito e peço que também os abençoes, meu Senhor. Sou santo e pecador, e minha Igreja também é, porém não troco a minha fé por outra fé. Aceito questionar a minha fé, aceito questionar a minha paz. E sei que a minha santa religião tem muito que aprender e mais ainda que mudar. Mas fico onde estou porque acredito e luto para mudar a minha Igreja para melhor. Católico eu serei com muito orgulho e muito amor. Não vou deixar a minha Igreja, não senhor. Não troco a minha fé por outra fé.

✚ Reflexão pessoal

Sê fiel até à morte e te darei a coroa da vida. Ap 2,10c

7 DEZEMBRO

Eu nunca te vi

Eu nunca te vi, nunca te ouvi, nunca me falaste aos ouvidos. Não me apareceste, mas eu sei quem és. És o mesmo que falou a Moisés. O mesmo a quem Jesus chamou de Pai. Não tens que aparecer, não tens que te mostrar. Eu te vejo nas flores do campo, na fonte a jorrar, no rio a correr e nas ondas do mar. No vento a soprar tu me falas, no teu Livro Santo e em cada rosto eu te vejo a falar. Já deste os teus sinais e não te peço mais. Sem te ouvir, sem te ver, consigo crer. Eu nunca te vi, nunca te ouvi, nunca me falaste aos ouvidos. Não tens que aparecer, não tens que te mostrar. Já deste os teus sinais e não te peço mais. Sem te ouvir, sem te ver, consigo crer.

✚ Reflexão pessoal

Deus lhes tornou manifesta sua realidade invisível desde a criação do mundo. Rm 1,19-20

Deus existe e ama

8
DEZEMBRO

A descoberta do amor de Deus é a verdadeira descoberta da existência de Deus. Alguém que afirmasse a existência de Deus, mas duvidasse do seu amor, não estaria acreditando na sua existência. Para crer que Deus existe, eu preciso crer que ele me ama. Pode até acontecer de eu não amá-lo direito, mas não posso negar que ele me ama. Por isso, essas duas expressões devem sempre andar juntas, quando falamos de Deus: existe e ama! Não é possível uma sem a outra. Eu posso existir e não amar. Ele existe porque ama e ama porque existe.

✚ Reflexão pessoal

Nós amamos porque Deus nos amou primeiro. 1Jo 4,19

9 DEZEMBRO

Foi a minha fé

Foi a minha fé pequena, mas sincera. Foi a minha fé que me levou ao teu coração sereno à minha espera. Foi a minha fé que me levou! Foi a minha fé que me levou a dizer: Senhor, aqui estou! Não sei muita coisa, tenho quase nada. Mas, se me mandas ao povo em teu nome, em teu nome, ao teu povo, ó meu Senhor, eu vou. Foi a minha fé pequena, mas sincera. Foi a minha fé que me levou ao teu coração sereno à minha espera. Foi a minha fé que me levou! Foi a minha fé que me levou a dizer: Senhor, aqui estou!

♣ Reflexão pessoal

Então o pai gritou:
"Eu tenho fé! Ajuda-me a ter mais fé ainda!" Mc 9,24

Luz que me vem do céu

10
DEZEMBRO

Luz que me vem do céu, fé que me motivou, verbo que me esclareceu, sou resultado de um amor maior. Luz que me faz pensar, fé que me faz lutar. Não descansarei, enquanto eu viver, de sonhar um mundo mais irmão. E pode ser que seja utopia, mas mesmo assim prosseguirei. Esclarece-me, Senhor! Ilumina o meu querer! Faz de mim um coração pensador! Quero pensar em ti, repousar em ti, e querer saber mais do teu amor e mais e mais da tua imensa paz. Luz que me vem do céu, fé que me motivou, verbo que me esclareceu, sou resultado de um amor maior.

✚ Reflexão pessoal

Eu vim ao mundo como luz, para que, quem crê em mim, não fique na escuridão. Jo 12,46

11 DEZEMBRO

Eu tenho fé

Muita gente que me vê rezando ou saindo de alguma igreja me pergunta, com ironia, onde está você, pois o mundo padece tanto e parece que você não vê. E eu respondo ao meu irmão cansado que eu respeito a sua solidão, mas eu tenho fé em Jesus Cristo, o amor existe no meu coração. Eu tenho fé, Senhor, eu tenho fé! Muita gente que me vê sofrendo, sem saber por que não tenho queixas, me pergunta, com ironia, onde está meu Deus, onde está meu Deus, pois um pai nunca se esquece tanto, e você de mim se escondeu. Muita gente que me vê sorrindo, transbordando de felicidade, me pergunta, com ironia, onde está meu Deus, onde está meu Deus, pois, enquanto eu me alegro tanto, de outra gente ele se esqueceu.

✤ Reflexão pessoal

Os que temem o Senhor, confiai no Senhor!
Ele é seu auxílio e seu escudo. Sl 115,11

Um Deus apaixonado

12
DEZEMBRO

Um Deus apaixonado mandou o seu recado por meio de seu Filho, e o Filho foi Jesus. Mandou dizer que é Pai e ama tanto e tanto a cada um que até o fio de cabelo que nos cai, porque ele é Pai, seu coração percebe. Um Filho apaixonado morreu crucificado, paixão mais dolorida o mundo nunca viu. Mas antes de morrer, amando seus amigos um por um, se ajoelhou, lavou os pés de cada qual, fez muito mais: se fez nosso alimento. Ao longo do caminho existe um pão e um vinho que enchem de sentido a vida de quem vai. Por isso, ao receber Jesus, o Filho Santo do Senhor, a minha fé me diz que posso ser feliz e ele diz que vai ficar comigo.

✚ Reflexão pessoal

*Jesus colocou água em uma bacia
e começou a lavar os pés dos discípulos. Jo 13,5*

13 DEZEMBRO

Meu catecismo

Se acreditar em Deus for esperar um mundo diferente, lá onde não há ricos por demais e onde não há mendigos; lá onde ninguém pisa no irmão e todo irmão se sente gente; lá onde o cidadão vai aonde quer e sem correr perigo. Se acreditar em Deus for apostar que o mundo tem conserto, que o ser humano é bom, e, mesmo se ele errar, ainda vale a pena. Se crer em Deus é crer em um Pai que nos criou e apostou em nós, então pode escrever que eu assino. Eu creio em Deus porque eu tenho esperança. É este o catecismo que eu ensino.

✤ Reflexão pessoal

Assim também a fé: se ela não produz obras,
está completamente morta. Tg 2,17

De lá do interior

14
DEZEMBRO

Eu vim de lá do interior, onde a religião ainda é importante. Lá, se alguém passa em frente da matriz, se benze e pensa em Deus, e não sente vergonha de ter fé. Eu vim de lá do interior, e sei que a religião já não influi mais tanto nas pessoas. Sei que a televisão, o rádio e o jornal convencem mais cabeças do que o padre lá no altar. Mas deixa eu lhe dizer que eu ainda creio e quero crer que sem religião não sei viver, não sei viver. Eu vim de lá do interior, onde a religião ainda é importante. Lá, se alguém passa em frente da matriz, se benze e pensa em Deus, e não sente vergonha de ter fé. Eu ainda creio e quero crer que sem religião não sei viver.

✝ Reflexão pessoal

Eu não me envergonho do Evangelho,
que é poder de Deus para salvar todos que creem. Rm 1,16

15 DEZEMBRO

O sopro

Quando o vasto universo nascia, quando ele explodia em milhões de faíscas e corpos luzentes, o Espírito Santo de Deus estava lá. Quando a terra saía do caos, quando tudo na terra era fogo, o Espírito Santo pairava, e soprava, e criava. O Espírito Santo de Deus é um sopro de vida. Quando Deus sopra o seu sopro santo, o milagre se faz. Eu não sei descrever o Espírito Santo Divino, mas eu sei que ele traz vida nova. Eu não sei descrever o Espírito Santo Divino, mas eu sei que ele inova e renova. Eu só sei que ele dá nova força, ele dá temperança. Eu só sei que ele torna possível qualquer esperança. Eu não sei descrever o Espírito Santo Divino, mas eu sei que ele traz vida nova.

♣ Reflexão pessoal

A escuridão cobria o mar,
e o Espírito de Deus se movia por cima do mar. Gn 1,2b

Quando digo que creio

16
DEZEMBRO

Sigo Jesus de Nazaré como um cristão católico e, quando recito o "Creio", digo: Creio que Deus existe, é Pai, criou e continua criando, e, todo-poderoso, fez o universo. Creio que ele e o seu Filho eterno são um só Deus. Creio que o Pai enviou seu Filho ao mundo para nos ensinar a ser humanos, a amar e a pensar de verdade. Jesus é o Messias, o ungido. Ele foi verdadeiro homem; mesmo tendo o poder de Deus, aceitou o mistério de morrer, vencendo a morte e ressuscitando. Está à direita do Pai e um dia voltará para nos levar. Creio no Espírito Santo que o Pai e o Filho nos enviam. Creio na Igreja Católica e quero morrer seguindo Jesus dentro desta visão. Sei que existirei para sempre com Jesus e no Pai.

✠ Reflexão pessoal

_____
_____
_____
_____
_____
_____
_____
_____
_____
_____
_____
_____
_____
_____

Eu estou convosco todos os dias,
até o fim dos tempos. Mt 28,20

17 DEZEMBRO

Impossível crer em um Deus que morre

Impossível crer no Deus que aceita ser humano. Impossível crer no Deus que vem morrer na cruz. Impossível aceitar que, quem preside o universo, tenha vindo aqui morar. "Não pode ser", exclama quem não crê. Não é questão de compreender, não compreendo, meu Senhor! Não é questão de não saber, quero saber cada vez mais. Mas dei a ti meu coração! E, mesmo sem compreender, mesmo sem ver, eu creio! Posso estar errado, mas eu creio! E, quem não crê, também pode se enganar. Escolhi crer em ti, mesmo sem te ver. Basta uma razão para não crer. Também basta uma razão para crer.

✚ Reflexão pessoal

Disse-lhe Jesus: "Porque me viste, creste.
Felizes aqueles que não viram e creram". Jo 20,29

É de Deus que eu vim falar

18
DEZEMBRO

É de Deus que eu vim falar e é do jeito que aprendi. Sobre Deus eu vim cantar e esta fé me trouxe aqui. Viemos dele, para ele vamos. Alguns estão chegando, outros estão voltando. Ele é o Senhor do mundo, Senhor da vida ele é. Cantemos com fé e proclamemos, proclamemos que Deus existe, ele existe, ele ama. Deus existe e nos ama. É de Deus que eu vim falar e é do jeito que aprendi. Sobre Deus eu vim cantar e esta fé me trouxe aqui. Viemos dele, para ele vamos. Alguns estão chegando, outros estão voltando. Ele é o Senhor do mundo, Senhor da vida ele é. Cantemos com fé e proclamemos, proclamemos que Deus existe, ele existe, ele ama. Deus existe e nos ama.

✚ Reflexão pessoal

O amor de Deus foi derramado em nossos corações
pelo Espírito Santo que nos foi dado. Rm 5,5

19
DEZEMBRO

No mistério que eu contemplo

No mistério que eu contemplo, sei que existe muito mais. O mistério não termina só porque eu o contemplei. Aprendi a meditar, aprendi a me aprofundar. Sei que Deus me mostrará os caminhos a trilhar. No mistério que eu contemplo, sei que existe muito mais. O mistério não termina só porque eu o contemplei. Aprendi a concluir, aprendi a me instruir. Sei que Deus me mostrará novo jeito de construir. No mistério que eu contemplo, sei que existe muito mais. O mistério não termina só porque eu o contemplei. Aprendi a estudar, aprendi a fazer bem mais. Sei que Deus me mostrará os caminhos da sua paz.

✚ Reflexão pessoal

Feliz aquele que não condena a si mesmo por suas próprias convicções. Rm 14,22b

Onipresente

20
DEZEMBRO

Tu saberias onde me encontrar se eu de ti tentasse me esconder. Estás presente em todo lugar. És um Deus onipresente. Tu sabes tudo sobre a criação de onde vens e para onde vai. Tens o presente e o futuro nas mãos, és um Pai onipotente. Por isso, quando uma dor dói mais e o coração até duvida que nos amas, a fé nos diz que vai haver mudanças depois que a nuvem passar. Onipresente tu és, onipotente. Tu saberias onde me encontrar se eu de ti tentasse me esconder. Estás presente em todo lugar. Onipresente tu és, onipotente.

✠ Reflexão pessoal

Para onde irei longe do teu espírito?
E para onde fugirei de tua face? SI 139,7

21 DEZEMBRO

Estas coisas de Deus e de mundo

Estas coisas de Deus e de mundo, estas coisas de terra e de céu, estas coisas de amor, de justiça e de paz, são profundas, complexas demais. Cada qual vai dizendo o que sente e há quem fale sem mesmo pensar. Só que tem que a verdade é maior. Sou das pessoas que desde criança perguntam: "Por quê?". Respostas para tudo eu não tenho, mas não vou deixar de perguntar. Estas coisas de Deus e de mundo, estas coisas de terra e de céu, estas coisas de amor, de justiça e de paz, são profundas, complexas demais.

✚ Reflexão pessoal

Ninguém pode conhecer a tua vontade
se tu não lhe deres a Sabedoria. Sb 9,17

Confiança

22
DEZEMBRO

Toda vez que o mundo, com seus desafios, colocar barreiras ao meu caminhar. Eu irei mais fundo, pois em ti confio, nada neste mundo irá nos separar. Com o criador, formas unidade, infinito amor, colossal verdade: Deus te enviou e com Deus estás, Filho do infinito, és a nossa paz. Toda vez que o mundo, tão propenso à guerra, nos trouxer a morte e a destruição, eu irei mais fundo para salvar a terra, buscarei justiça no teu coração. Tu te fazes pão, pão da unidade, geras compreensão e fraternidade. Deus te enviou e te enviará, és nosso alimento, és nosso maná. Toda vez que o mundo, com seus arremedos, colocar em risco o dom da nossa fé, nós iremos fundo, não teremos medo, temos tua paz, Jesus de Nazaré!

✠ Reflexão pessoal

Sou eu o Pão Vivo que desceu do céu.
Quem comer deste pão viverá para sempre. Jo 6,51a

23 DEZEMBRO

Canção para meu Deus

O orvalho da manhã criança, me fala do meu Deus. O cantar da brisa mansa, me fala do meu Deus. O pássaro que canta e trina, me fala do meu Deus. Minha vida uma canção ensina, a canção que eu fiz para meu Deus. A dor do meu irmão que chora, me fala do meu Deus. A alegria que hoje eu vi lá fora, me fala do meu Deus. A esperança que aqui dentro vai, me fala do meu Deus. E bem dentro de minha alma sai a canção que eu fiz para meu Deus.

✚ Reflexão pessoal

Pôs um canto novo em minha boca,
um louvor a nosso Deus. Sl 40,4a

Sabedoria

24 DEZEMBRO

Não, eu não quero riquezas. Não, eu não quero poder. Quero é ter sabedoria para saber entender, quero saber o que é certo e o que não é. O justo vive da fé, o justo vive da fé. Não, eu não quero ter tudo, tudo o que tem meu irmão. Quero é saúde e trabalho para conquistar o meu pão. Quero saber o que é justo e o que não é. O justo vive da fé, o justo vive da fé. Não, eu não quero os excessos, tiram as chances da paz. Quero saber qual a hora quando demais é demais. Quero saber o que é santo e o que não é. O justo vive da fé, o justo vive da fé.

♣ Reflexão pessoal

O justo viverá da fé. Hc 2,4b

25 DEZEMBRO

Fé serena, mas exigente

A fé é um dom misterioso. A gente, às vezes, não sabe por que o tem, nem por que o perde. Judas a perdeu e Paulo a ganhou. Tem a ver com a nossa resposta pessoal, já que é sempre oferecida aos bons e aos maus. Nunca sairemos de nossas trevas, nem acharemos a luz que há em nós, se uma luz maior que vem de fora não iluminar pelo menos algum ângulo do nosso eu. Deus não se revelou de repente aos humanos. Foi dando sinais e eles foram interpretando e concluindo, na maioria das vezes, errado. Como captar o infinito? Moisés quis ver Deus e Deus o poupou. Não sobreviveria à experiência (cf. Ex 33,20), nem nós, nem nenhum fundador de religião.

✢ Reflexão pessoal

Temos visto umas poucas coisas que ele fez;
existem muitas outras que nunca vimos. Eclo 43,32

A verdade é bem maior

26 DEZEMBRO

Me disseram que há mais gente crendo menos que a ciência não precisa da religião. Não discuto qual das duas é melhor; o que eu sei é que a verdade é bem maior. O que eu sei é que, além do horizonte, existe uma luz que brilha sempre, sempre, aleluia, amém. O que eu sei é que, quando escurece aqui dentro de mim, para além do horizonte existe uma luz que não tem fim. Me disseram que a verdade é relativa e que a fé também não precisa da religião. Não discuto com meu interlocutor; o que eu sei é que a verdade é bem maior. Me disseram que Jesus já é passado, que cedeu seu lugar para um outro pregador. Não discuto sobre o novo libertador; o que eu sei é que a verdade é bem maior.

✚ Reflexão pessoal

Vossa palavra seja sempre amável [...]
para saberdes como é preciso responder a cada qual. Cl 4,6

27 DEZEMBRO

Deus é muito mais

Juntemos todas as teologias, juntemos todas as filosofias, juntemos todas as sabedorias que há. Não saberão dizer quem é Deus. Juntemos todos os conhecimentos, os pensadores e seus pensamentos, os pregadores a dizer que Deus está lá. Não saberão dizer quem é Deus. Deus é mais além, além do que sabemos, além do que entendemos, além do que nós cremos, além do que pensamos, além do que pregamos, além do que ensinamos. Deus é muito mais. Deus é mais além, além do que sabemos, além do que entendemos, além do que nós cremos, além do que pensamos, além do que pregamos, além do que ensinamos. Deus é muito mais.

✚ Reflexão pessoal

*E, quanto a Deus, somente o seu próprio Espírito
conhece tudo a respeito dele. 1Cor 2,11b*

Estrelas me contam

28
DEZEMBRO

Estrelas me contam histórias de amém, estrelas apontam para bem mais além. Além delas mesmas e da criação existe um alguém de quem tudo nasceu; somos obras de suas mãos. Contemplo as estrelas e tento entender das suas origens. Eu quero saber, passado e futuro procuro entender. Não sei quase nada das coisas de lá do céu, mas eu vivo querendo saber. É este o meu credo: existe um Senhor que tudo criou por amor; de cada porquê, de cada detalhe ele sabe... Ele sabe por quê. Estrelas me contam histórias de amém, estrelas apontam para bem mais além. Além delas mesmas e da criação existe um alguém de quem tudo nasceu; somos obras de suas mãos.

✚ Reflexão pessoal

A sua vista alcança
todos os lugares mais distantes do mundo. Jó 28,24

29 DEZEMBRO

Dois riscos

Feita de dois riscos é a minha cruz; sem esses dois riscos não se tem Jesus. Um é vertical, o outro horizontal. O vertical eleva, o horizontal abraça. Feita de dois riscos é a minha cruz; sem esses dois riscos não se tem Jesus. Feita de dois riscos é a minha fé; sem esses dois riscos religião não é. Um é vertical, o outro horizontal. Um vai buscar na fonte, o outro é o aqueduto. Feita de dois riscos é a minha fé; sem esses dois riscos religião não é. Feito de dois riscos é o meu caminhar; sem esses dois riscos posso não chegar. Um é vertical, o outro horizontal. O vertical medita, o horizontal agita. Feito de dois riscos é o meu caminhar; sem esses dois riscos posso não chegar.

♣ Reflexão pessoal

*Aquele que ama a Deus,
ame também o seu irmão. 1Jo 4,21*

Três Pessoas tu és

30
DEZEMBRO

És meu Pai, eu sou teu filho. És meu irmão, eu sou teu irmão. És minha luz e me santificas. És meu Deus, mas eu sei que Três Pessoas tu és. Explicar eu não sei, mas meu coração aceitou o que a Palavra me revelou. És meu Pai, eu sou teu filho. És meu irmão, eu sou teu irmão. És minha luz e me santificas. És um só Deus, mas eu sei que Três Pessoas tu és. Explicar eu não sei, mas meu coração aceitou o que a Palavra me revelou.

✚ Reflexão pessoal

Naquele dia, sabereis que eu estou em meu Pai e vós em mim, como também eu em vós. Jo 14,20

31 DEZEMBRO

Fortes na fé

Fortes na fé, anunciamos o poder da vida. Fortes na fé, anunciamos que Jesus é Deus. Fortes na fé, profetizamos que ele reinará. Passem mil anos, passem dois mil anos, passe o que passar, ele vai reinar. Passem mil anos, passem dois mil anos, passe o que passar, Jesus Cristo reinará. Fortes na fé, anunciamos o poder da vida. Fortes na fé, anunciamos que Jesus é Deus. Fortes na fé, profetizamos que ele reinará. Passem mil anos, passem dois mil anos, passe o que passar, ele vai reinar. Passem mil anos, passem dois mil anos, passe o que passar, Jesus Cristo reinará, Jesus Cristo reinará!

✤ Reflexão pessoal

Estejam alertas, fiquem firmes na fé,
sejam corajosos, sejam fortes. 1Cor 16,13

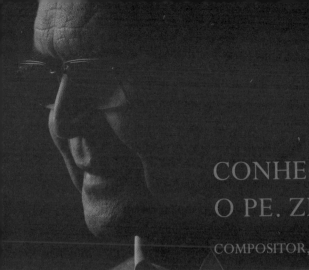

CONHECENDO MAIS O PE. ZEZINHO, SCJ,
COMPOSITOR, CANTOR E CATEQUISTA

Um álbum musical, como se sabe, não começa a ser feito entre as paredes acusticamente isoladas de um estúdio, mas muito antes, em qualquer lugar, em qualquer tempo. Se o trabalho sai do germinal de ideias de José Fernandes de Oliveira, então, isso pode ser dado como certo. No caso do Pe. Zezinho, scj, um dos primeiros padres compositores, é praticamente impossível cravar quando sua centelha criativa começou a brotar. Porque isso pode ter acontecido em qualquer instante entre 1964 – quando esse mineiro de Machado, nascido em 1941 e criado em Taubaté (SP), no Vale do Paraíba, começou a ensaiar ao violão as suas primeiras canções – e 2013, quando ele, pela enésima vez, entrou nos estúdios da gravadora Paulinas-Comep. Ninguém se atreveria a dizer quando e como foi. Talvez nem ele mesmo se dê conta. Porque, em mais de meio século de carreira musical, José Fernandes de Oliveira coleciona a impressionante – ao descrever sua obra, os adjetivos que ele próprio evita são inevitáveis – marca de mais de *1.500 canções compostas e mais de 120 álbuns registrados*. Sem falar de seus mais de 100 livros, programas de rádio e de TV.

Quem é José Fernandes de Oliveira? Bem, aqui cabe um parêntese. Porque, de fato, nem todos sabem que, ao longo dos últimos 55 anos, esse nome foi se tornando rarefeito para dar consistência a outro, que bem poderia ser Zé, Zezé ou mesmo Zeca, como de fato alguns pouquíssimos ainda o chamam. No entanto, quis o jeito brasileiro de ser, que procura dar um ar de familiaridade às pessoas conhecidas que se quer bem, que um certo Zezinho, vindo ainda da primeira infância, acabasse se impondo vida afora e caindo no gosto popular. E como apelido, uma vez posto, não se tira nunca mais, nem por decreto, ficou. E assim foi irremediavelmente denominado o Pe. Zezinho, scj – destas iniciais, correspondentes à sua congregação, a dos Padres do Sagrado Coração de Jesus (dehonianos), ele zelosamente não abre mão de forma alguma –, aquele que passou a ser alguém íntimo de todos nós, seus colegas, irmãos e filhos espirituais, incluindo aqueles muitos músicos que ele criou, revelou e lançou. E que, como ele mesmo diz, como os canários, deixa voar e solta pelo mundo assim que começam a cantar bonito. E com assertividade, pois, pelo que se sabe, nenhum deles jamais retornou para a gaiola.

Como os frutos, e os filhos, costumam se multiplicar em proporção geométrica, calcula-se que, em função do movimento musical iniciado pelo Pe. Zezinho, scj, e pela gravadora Paulinas-Comep, nos anos 1960, existam hoje no país inúmeras bandas católicas e ministérios de música, envolvendo milhares de intérpretes, a liderar o povo nas missas e a responder por uma produção incontável de canções religiosas. Estima-se ainda que, hoje, inúmeros cantores vivam da música religiosa no país, o que acabou se transformando em um importante meio de expressão cultural do povo brasileiro.

Da mesma forma que se tornou íntimo dos brasileiros, desde o seu primeiro disco e a cada novo álbum que lança, o precursor da moderna canção católica popular no Brasil também ajudou a aprofundar a intimidade ou estreitar as distâncias existentes entre pais e filhos, irmãos e irmãs, amigos e estranhos, altares e assembleias, povo e Igreja – em muitas ocasiões, verdadeiramente, suas canções apresentaram um ao outro e quebraram um eventual gelo entre as duas partes. Quantos brasileiros não optaram por viver verdadeiramente o cristianismo ou, especialmente, o catolicismo, inspirados em uma canção do Pe. Zezinho, scj? Quantos já não foram convertidos por uma de suas canções? Quantos não o imitaram em seu estilo e exemplo? E, assim, aplainando e endireitando os caminhos de uma liturgia árida, por vezes enviesada e proferida ainda em uma língua morta, esse sacerdote anteviu como uma feliz profecia a principal mensagem do Concílio Vaticano II, coincidentemente – ou será que não? – contemporâneo de seus primeiros trabalhos musicais. Pe. Zezinho, scj, é, pois, o legítimo herdeiro e descendente de um tempo e de uma humanidade inquieta, inconformada e que legou ao mundo a cultura da comunicação, ora ainda em franco estudo e, graças também a ele, em desenvolvimento.

E mais do que íntimo de nossas casas e famílias, o Pe. Zezinho, scj, foi se tornando, nesses 55 anos de toadas, baladas e outras melodias, um amigo das canções. Talvez o melhor amigo de todas elas. E como amizade é uma espécie de amor que nunca morre, como um dia disse o poeta gaúcho Mário Quintana, ele se tomou de afeição pelo ofício de compor, tocar, cantar e gravar. Fez de tudo isso uma espécie de missão. Nela descobriu um dom e uma graça. Só mesmo Deus, que atribuiu a ele esse talento, para fazê-lo parar ou calar. Mas, ao que parece, o Todo-Poderoso não tem esses planos por enquanto. Ao menos foi o que ele deu a entender em setembro de 2012, quando o nosso sacerdote foi acometido por um Acidente Vascular Cerebral (AVC). A isquemia foi mais um aviso do criador de que o Pe. Zezinho, scj, ainda era necessário a ele e a nós. Um alerta para que se cuidasse mais, a fim de dar conta da missão à qual foi encarregado. "Vá mais devagar, meu amigo", teria dito o Todo-Poderoso. "Para que ir a 120 quilômetros por hora se, indo a 80, você vai chegar do mesmo jeito?", outros garantem que Deus disse a ele. "Tire um tempinho para você", há quem diga que ele ainda aconselhou. "Ainda não é hora de se aposentar", Deus afirmou, como garantem todos os seus amigos e admiradores.

De tanto pensar em Deus, e de conversar com ele, o Pe. Zezinho, scj, entendeu esse recado. Nem discutiu com o Chefe. E como fazê-lo, se o Todo-Poderoso, com toda a sua gaiata e irônica sabedoria, nem sequer permitiu essa chance ao nosso sacerdote? Durante algumas semanas, a doença comprometeu exatamente... a fala do maior comunicador da Igreja Católica do país! Além de sua memória. Em menos de três meses, no entanto, e graças aos cuidados médicos e à assistência sempre pronta das Irmãs Pequenas Missionárias de Maria Imaculada, a Igreja já tinha restaurado o seu principal comunicador, que voltou disposto não apenas a falar, mas principalmente a fazer. E fez! "Fez a paz acontecer", já em 2013, foi o primeiro álbum produzido por ele após a isquemia.

Pe. Zezinho, scj, sabe melhor do que ninguém que a saúde pode ser tão delicada quanto uma nota musical. E respeita as determinações do Chefe, as limitações naturais do corpo e da idade, bem como o aviso que lhe foi dado. Por isso, nada mais de exageros, de trabalhar quinze horas por dia, de fazer longas turnês para palestras e *shows*, sem dormir direito e se alimentando de forma irregular – em 50 anos de atividades missionárias, o nosso sacerdote percorreu nada menos do que quarenta países. "Agora encerrei meu ciclo de viagens pelo mundo e pelo Brasil, os *shows*, as conferências, as aulas e os cursos que ministrava", afirmou ele a um repórter, em uma de suas primeiras entrevistas após voltar à ativa. Desejada por todos, diga-se.

O melhor amigo das canções comemora, agora, 80 anos de vida e mais de meio século de caminhada musical compondo e interpretando canções com moderação, catequizando o povo do melhor jeito que sabe. E até do jeito que ainda não sabe e precisa, humildemente, aprender e pesquisar. Em sua residência, no Seminário dos Dehonianos, em Taubaté, passa a maior parte do tempo lendo, pesquisando e meditando. "Estou mais para monge do que para missionário viajante", admitiu mais de uma vez, sem perder a noção de sua humildade e de sua sabedoria. "Orem para que eu não me esqueça de aprender e de ouvir quem sabe mais do que eu. E também que diga o que penso que devo dizer, mas não me esqueça de pedir perdão, se minha comunicação ferir alguém. Espero que, quem me lê e escuta, diga comigo um grande aleluia por nossa Igreja", afirmou, logo após retornar aos estúdios, o sacerdote compositor que tem consciência de que uma canção pode não consertar o mundo, mas inspira os que podem consertá-lo. "É um excelente instrumento de motivação. A música, como a arte de modo geral, ajuda a dar um sabor especial ao que precisa ser feito, torna mais atraente um conteúdo. As canções amenizam nossa vida e nossa caminhada", afirmou ele, em 2011, ao completar 50 anos de consagração religiosa.

O melhor amigo das canções também sabe, por outro lado, que elas são suas grandes amigas, desde que sirvam a determinados fins, como catequizar, evangelizar e aproximar a humanidade. Sejam elas um símbolo de paz, união, amor e fraternidade. E assim possam ser bem utilizadas por quem as canta. "Uma canção, talvez, mantenha o povo acorrentado. Uma canção, eu sei, pode servir a um ditador. Uma canção, eu sei, pode enganar a multidão. Então me diz para que, para que serve uma canção?", escreveu o padre compositor em "Uma canção talvez", onde ele mesmo responde: "Existe uma canção que pouco a pouco ajunta o povo. Existe outra canção que faz o povo celebrar e existe uma canção que faz o povo mais irmão. Por isso e muito mais é que se faz uma canção".

A César o que é de César. E às canções o que são das canções. Por mais que, na maioria das vezes por comodidade, leigos e religiosos o rotulem como um padre cantor, ele é mesmo um padre compositor que se utiliza das canções, e não se deixa utilizar por elas. "Resolvi colocar em canção o que meus irmãos mais cultos escrevem, conceitos que nossos teólogos, filósofos, sociólogos e liturgistas emitem. Eu sei musicar e popularizar o que eles dizem, e é o que eu faço. Formei grupos de leigos cantores que pudessem tocar, cantar e subir ao palco comigo, e decidi salientar o talento deles. Eles são artistas, eu não. Eu sou padre! Nunca me declarei cantor, embora aceite o título de padre compositor, escritor e professor", afirma. Sem desmerecer suas amigas canções, que tanto fizeram por ele, Pe. Zezinho, scj, entende, com realismo, que a canção é uma mera ferramenta em uma Igreja que tem profecias muito maiores. "Digam isso aos irmãos que cuidam de drogados, mães solteiras, hospitais, povo de rua e escolas. Eles são mais profetas do que nós que cantamos. Se a nossa canção não ajudar a profecia maior do louvor litúrgico e da caridade para com os pobres, então não vale a pena cantar. Que se exaltem as outras profecias e os outros profetas!"

Mas quem pode imaginar os efeitos provocados por quem ouviu, ao menos uma única vez, canções como "Oração pela família", "Um certo Galileu", "Estou pensando em Deus", "Vocação", "Maria de Nazaré"? Quantas vezes, em alguma celebração religiosa, não fomos contagiados pela força persuasiva de uma canção assinada por esse sacerdote compositor, ou por alguns de seus descendentes espirituais ou artísticos? Quantas dessas canções não se converteram já em chamados vocacionais e despertaram, em algum jovem, o desejo de servir a Deus e, principalmente, aos seus irmãos? Quem ousaria afirmar que uma canção não seja capaz de levar à mais pura conversão?

Talvez seja para isso, e ainda alguma coisa mais, que sirva uma simples canção. Mas não vale a pena ir muito a fundo, pois qualquer resposta que seja dada às muitas perguntas acima formuladas certamente estará condenada a ter um prazo de validade pequeno. As canções do Pe. Zezinho, scj, como as mensagens de "Um certo Galileu" que inspirou grande parte delas, são bens imateriais e atemporais. Continuarão a repercutir no espaço enquanto existir pelo menos um ser humano com a capacidade de ouvir. Porque uma canção só precisa disso: de alguém que a ouça. As canções do Pe. Zezinho, scj, portanto, precisam de você, de mim e de todos nós. Porque, sozinhas, elas se tornam mudas e sem sentido. São obras inacabadas como os poemas não lidos de Drummond, os quadros não vistos de Dalí ou Picasso, os filmes não assistidos de Kubrick, as peças de Brecht encenadas para uma plateia deserta.

Ao celebrarmos os 80 anos de vida e 55 de sacerdócio do Pe. Zezinho, scj, suas reflexões, escritos, versos colocados em suas canções estão pedindo uma chance para entrar em nossas consciências, percorrer nossa corrente sanguínea, inundar nossos corações e chegar à flor de nossa pele. Eles, novamente, querem nos afligir, pedir para sairmos de nossas zonas de conforto. Querem nos incomodar, tirar um pouco, ou muito, da nossa paz preguiçosa. Querem pesar em nossas consciências de homens e mulheres satisfeitos, confortados e bem nutridos; questionar a sabedoria do nosso senso comum. Deixar-nos preocupados com as injustiças que fingimos não ver. Querem questionar algumas ordens preestabelecidas e valores da sociedade, perguntar se ainda há famílias se abrigando debaixo das pontes, saber quem fez fortuna e enriqueceu, quem se entregou a qualquer ideologia e por ela quer matar ou morrer e, assim, corromper.

Sorte nossa que, hoje, a exemplo do que ocorria durante a ditadura militar, o Pe. Zezinho, scj, não pode mais ser censurado em palavras como essas. O carimbo "vetado" não cabe mais em suas letras. O cidadão Pe. Zezinho, scj, que muitas vezes percorria o Brasil tendo ao lado um cearense considerado subversivo, e cujo simples nome – dom Helder Camara – na grande imprensa nem sequer podia ser mencionado, hoje felizmente pode cantar para o "menino pobrezinho da América Latina que a justiça reinará". Basta que tenhamos ouvidos para ouvir. Não adianta, aqui, fechar os olhos para as suas canções, porque elas não entram pelas retinas. E por mais que se tente pôr as mãos nos ouvidos, um acorde, no mínimo, sempre entra cabeça adentro e começa a germinar. Talvez seja essa a razão de ser das canções, mesmo as ouvidas uma única vez.

Se desde o início as canções do Pe. Zezinho, scj, já ultrapassavam fronteiras, muito mais agora com o acesso à internet. Diariamente, milhares de pessoas no mundo todo ouvem sua canções por meio das plataformas digitais.

Você pode acessar a *playlist* desta obra pelo *QR Code* abaixo. Escaneie com a câmera do seu *smartphone* para abrir a *playlist* "No caminho do Reino com Pe. Zezinho, scj".

CRONOLOGIA

Em 8 de junho, nasce José Fernandes de Oliveira, em Machado (MG). Filho de Valdevina e Fernando de Oliveira, é o caçula de seis irmãos. Quando tinha 2 anos de idade, sua família mudou-se para Taubaté (SP), onde conheceu os padres dehonianos, da Congregação do Sagrado Coração de Jesus.

Aos 12 anos de idade, em 2 de fevereiro, ingressa no Seminário dos Padres Dehonianos, logo após o falecimento do pai.

Começa a compor suas primeiras canções.

1941 | 1953 | 1964

1980 | 1991 | 1997 | 1999

Encontra-se com o Papa João Paulo II em São Paulo.

Pela segunda vez se encontra com Papa João Paulo II em Natal-RN.

A canção "Oração pela família" é escolhida como Hino oficial do 2º Encontro do Papa com as famílias – Pe. Zezinho, scj, canta para o Papa João Paulo II no Maracanã, Rio de Janeiro-RJ.

Inicia o Programa *Palavras que não passam*, na Rede Vida de Televisão. Em 2002, o programa passa para a TV Século 21.

Em 21 de setembro é ordenado sacerdote na Congregação dos Padres do Sagrado Coração de Jesus, em Milwaukee, Wisconsin (Estados Unidos), onde estudou Teologia, Comunicação Social e Psicologia.

Volta para o Brasil e começa a trabalhar na Paróquia São Judas, em São Paulo.

Grava "Shalom", seu primeiro compacto, pela Paulinas-Comep.

Publica o primeiro livro, *Alicerce para um mundo novo*, por Paulinas Editora.

1966 | 1967 | 1969 | 1970

1999 | 1999 A 2000 | 2007 | 2008

Celebra 35 anos de Evangelização – "Cantando a fé".

Realiza diversos shows pelo Brasil com o grupo Cantores de Deus e outros artistas, em preparação ao Grande Jubileu do Ano 2000.

Canta para o Papa Bento XVI por ocasião de sua visita ao Brasil – São Paulo-SP.

A Câmara Municipal de Taubaté concede o título de Cidadão Taubateano a José Fernandes de Oliveira, o Pe. Zezinho, scj.

Recebe a homenagem de "Mérito Especial – Prêmio por uma vida inteira de realizações" no Troféu Louvemos o Senhor.

Com o álbum "Ao país dos meus sonhos" recebe a indicação ao *Latin Grammy* na categoria "Melhor Álbum de Música Cristã em português".

É novamente indicado ao *Latin Grammy*, desta vez com o álbum "Quando Deus se calou".

Completa 45 anos de sacerdócio.

2009 | 2010 | 2011 | 2011

2013 | 2014 | 2014 | 2014

Participa da regravação da sua canção "Nova geração", com mais de 80 artistas católicas, por ocasião da preparação da Jornada Mundial da Juventude – Rio de Janeiro. A canção faz parte do álbum "No peito eu levo uma cruz" e o clipe está disponível no canal da Paulinas-Comep no YouTube.

Comemora 50 anos de vida sacerdotal e grava o álbum solo: "De volta para o meu interior".

Paulinas-Comep lança uma coleção comemorativa de 20 álbuns pelos seus 50 anos de sacerdócio.

É homenageado com o álbum "Tributo a um Pioneiro" com a participação de diversos artistas da música secular, lançado pelas gravadoras CODIMUC e Universal.

No mês de setembro é acometido por um acidente vascular cerebral (AVC).

Oito meses após ter sofrido o AVC, volta aos estúdios da Paulinas-Comep para produzir o álbum "Fez a paz acontecer", com a participação dos Cantores de Deus e Ir ao Povo.

Decide suspender suas apresentações ao vivo com shows musicais.

Continua a compor e gravar novas canções com a maior participação dos grupos por ele idealizados, a escrever livros e artigos para revistas e site, além de gravar programas de rádio.

2012 | 2013 | 2013 | 2013

2016 | 2017 | 2018 | 2021

Recebe o título de Doutor *Honoris Causa* da Pontifícia Universidade Católica do Paraná (PUCPR).

2016 – Lança o álbum "Mil vezes Aparecida – O musical", para celebrar os 300 anos do encontro da imagem de Nossa Senhora Aparecida.

É convidado pelo Papa Francisco para participar do Seminário Internacional sobre a realidade juvenil, em vista da assembleia do Sínodo dos Bispos sobre os jovens em Roma – Itália.

Grava o CD "Amigos do Coração – Pe. Zezinho, scj, e Dehonianos em canção", com os padres e *fratres* dehonianos.

Pe. Zezinho, scj, completa 80 anos de vida e 55 anos de sacerdócio. Um caminho que continua a ser traçado com suas obras e testemunho.

REFERÊNCIAS BIBLIOGRÁFICAS

A BÍBLIA: Novo Testamento. São Paulo: Paulinas, 2015.

A BÍBLIA: Salmos. São Paulo: Paulinas, 2017.

BÍBLIA SAGRADA: nova tradução na linguagem de hoje. São Paulo: Paulinas, 2005.

Rua Dona Inácia Uchoa, 62
04110-020 – São Paulo – SP (Brasil)
Tel.: (11) 2125-3500
http://www.paulinas.com.br – editora@paulinas.com.br
Telemarketing e SAC: 0800-7010081